Suhrkamp BasisBiographie 47 **Uwe Johnson**

AF177435

Katja Leuchtenberger, geboren 1969, ist Lektorin im Akademie Verlag, Berlin. Vorher hat sie als wissenschaftliche Mitarbeiterin die erste Dauerausstellung im Literaturmuseum der Moderne in Marbach am Neckar kuratiert. Sie promovierte mit einer Arbeit über Uwe Johnson, ist Gründungsmitglied und Mitglied im erweiterten Vorstand der Uwe Johnson-Gesellschaft, Mitherausgeberin des *Johnson-Jahrbuchs* und Mitarbeiterin eines Teams von Forschern, die derzeit unter dem gemeinsamen Namen »Friedrich E. Straße« eine große Johnson-Biographie erarbeiten.

Uwe Johnson

**Suhrkamp BasisBiographie
von Katja Leuchtenberger**

Suhrkamp BasisBiographie 47 Erste Auflage 2010 Originalausgabe
© Suhrkamp Verlag Berlin 2010
Druck: Kösel, Krugzell · Printed in Germany
Umschlag: Hermann Michels und Regina Göllner
ISBN 978-3-518-18247-5
Die Schreibweise entspricht den Regeln der neuen Rechtschreibung, Zitate
wurden in ihrer ursprünglichen Schreibweise belassen.

1 2 3 4 5 6 − 15 14 13 12 11 10

Inhalt

Wirkung

Anhang

»Es ist schlecht möglich, abseits der Zeitgeschichte zu leben«

Im Anschluss an eine Lesung aus dem letzten Band der *Jahrestage* erzählte Uwe Johnson einmal eine Stunde lang Weiteres über seine Romanfiguren, und zwar nahezu »druckreif. Dinge, die er nie aufgeschrieben hatte. Weil das für ihn ein gegenwärtiger Personenraum [...] war. Und das entzückte die Leute unendlich. Es waren keine üblichen Fragen, sondern sie sagten immer ›Warum trägt diese Figur schwarze Strümpfe?‹, und daraufhin kam eine große Geschichte.« (Baumgart 1994, o. S.) Johnson behauptete, von den meisten seiner »Leute« auch lange nach Abschluss eines Buches noch zu wissen, »wo sie sich jetzt aufhalten« (IüG, S. 301); er schrieb ihre Biographien fort und verknüpfte sie über die Grenzen der Buchdeckel hinweg: Fast das gesamte Johnson'sche Personal ist miteinander verwandt, befreundet, bekannt. Gleichzeitig stilisierte er sich selbst als Figur in diesem literarischen Kosmos und betonte stets seine vermeintliche Ohnmacht gegenüber den »Leuten«, die er erfunden hatte.

Dieses doppelte Spiel mit der Fiktion ist mehr als eine Quelle für Anekdoten. Es ist Ausdruck eines realistischen Erzählprogramms, in dem die Figuren so exakt in ein dokumentarisch abgesichertes Umfeld eingebettet sind, dass sich am Ende selbst die Wahl ihrer Strumpffarbe mühelos begründen lässt. Johnson erfand seine Figuren als Zeitgenossen: Mit historischer Präzision erzählte er von ihren Hoffnungen, Enttäuschungen und Verstrickungen im Nationalsozialismus, in der frühen DDR, im geteilten Deutschland, in den USA der 1960er Jahre. »Es ist schlecht möglich, abseits der Zeitgeschichte zu leben«, bemerkte er einmal auf die Frage, ob er seine Literatur als »eine Art von Geschichtsschreibung« verstehe (IüG, S. 281). Seine Romane beschreiben, wie sich Politik unerbittlich in das Leben der ›kleinen Leute‹ einzeichnet, sie halten einige der markantesten Wendepunkte (nicht nur) deutscher Ge-

schichte im 20. Jahrhundert erzählend fest – Wendepunkte, die auch in Johnsons Biographie Spuren hinterlassen haben. Geboren 1934, war er zu jung für politisch aktives Verhalten unter Hitler, aber alt genug für ein paar Monate im nationalsozialistischen Eliteinternat. Als der Krieg zu Ende war, war er knapp elf – einer, der wie seine 1933 ›geborene‹ Romanfigur Gesine Cresspahl »an den Verbrechen der Deutschen gegen die Juden noch beteiligt ist, und sei es als Angehörige[r] der Kindgeneration nach der schuldigen« (GBP, S. 223). Das antifaschistische Programm, für das er sich in der DDR engagierte, offenbarte schnell sein wahres Gesicht und forderte seine moralische Integrität heraus. 1959 verließ der inzwischen diplomstudierte Germanist die DDR – nicht, weil er im Westen leben wollte, sondern weil er im Osten nicht arbeiten durfte.

Im selben Jahr erschien sein Roman *Mutmassungen über Jakob* in Frankfurt am Main, und der 25-Jährige lernte, wie schnell sich Texte vereinnahmen lassen: Quasi über Nacht wurde er im Kalten Krieg als »Dichter der beiden Deutschland« funktionalisiert – auch die Rezeption seines Werkes war »abseits der Zeitgeschichte« schlecht möglich.

Johnson versuchte gerade deshalb, Literatur und Politik strikt zu trennen. Während er als Zeitgenosse zuweilen in den Fokus der politischen Diskussion geriet, achtete er als Autor darauf, seine Rolle nicht zu politisieren und sein Werk von Selbstdeutungen freizuhalten. Aber auch im Schriftstellerberuf gehört das Klappern zum Handwerk, das Sprechen über die eigenen Bücher und die eigene Person ist kaum zu vermeiden. Wenn Johnson sich bei solchen Gelegenheiten darauf kaprizierte, das Leben seiner Figuren kurzerhand weiterzuerzählen und sich selbst als Teil seiner Erzählwelt zu stilisieren, so entzückte er damit nicht nur sein Publikum und bekräftigte sein faktengesättigtes Erzählen, sondern übte auch eine raffinierte Verweigerungsstrategie aus: Indem er ›Fortsetzungen‹ anbot, verweigerte er Erklärungen – und überließ die Deutungshoheit über seine Texte denjenigen, denen sie seiner Ansicht nach ohnehin zustand: seinen Lesern.

Leben

»Da ich so jung war, kam ich auch mit dem Leben davon«
Anklam und Kosten (1934-1945)

»Wie bei allen, genügt für mich das Jahr der Geburt, 1934. Mithin war ich fast elf Jahre alt, als ich meinem Staatsoberhaupt Adolf Hitler zum letzten Mal begegnete in einem mecklenburgischen Dorf.« (BU, S. 25) Selten hat sich der erwachsene Uwe Johnson ausführlicher öffentlich über seine Kindheit geäußert, und schriftliche Lebensläufe begann er häufig tatsächlich erst 1945, mit dem Ende des Zweiten Weltkriegs. Gerade diese inszenierte Lücke betont, wie einschneidend die Kindheit unter Hitler für seine Biographie war.

Kindheit als Lücke

Als Uwe Klaus Dietrich Johnson am 20. Juli 1934 geboren wurde, war Adolf Hitler bereits seit anderthalb Jahren Reichskanzler. Uwes Mutter, die Bauerntochter Erna Johnson (geborene Sträde), war für die Geburt des Kindes zu ihren Eltern nach Pommern gereist, das sie schon wenige Tage später mit dem Säugling wieder verließ. So kommt es, dass Uwe Johnson laut Geburtsurkunde ein im Kreiskrankenhaus Cammin (heute Kamień Pomorski in Polen) geborener Pommer ist, seine ersten Lebensjahre aber im vorpommerschen Anklam verbrachte, wo 1939 auch seine Schwester Elke zur Welt kam.

Der etwa achtjährige Uwe Johnson

Der Vater Erich Johnson, Enkel eines schwedischen Einwanderers, war Absolvent einer landwirtschaftlichen Schule und arbeitete in Anklam als Oberkontrollassistent der Molkerei – eine angesehene Stellung, die der Familie 1936 den Besitz eines Autos und 1938 den Umzug in ein neues Haus am Stadtrand ermöglichte. Als der fünfjährige Uwe Johnson im März 1940 eingeschult wurde, war sein Vater seit wenigen Tagen Mitglied der NSDAP, der Zweite Weltkrieg dauerte bereits ein halbes Jahr. Als er mit der fünften Klasse aufs Gymnasium kam, wurde er in eine Deutsche Heimschule in Kosten (heute Kościan in Polen) geschickt, eine von der SS kontrollierte staatliche Oberschule, deren Hauptziel die Wehrerziehung war. Der Neunjährige war von einer staatlichen Kommission für diesen speziellen Schulzweig ausgewählt worden, weil er als besonders begabt aufgefallen war. Dass seine Eltern dies nicht zu verhindern versucht (vielleicht sogar mitgetragen) haben, hat der erwachsene Johnson als einen »Akt der Selbstverteidigung« seines Vaters zur Sicherung der Familie gedeutet (IüG, S. 238). Die wenigen Erinnerungen, die er später aus der Heimschule preisgab, zeugen von einer schwierigen Zeit als Außenseiter. Seine Leidenschaft fürs Lesen und die Ausflüge in die Leihbücherei passten nicht zum Credo der Schule: »Wer liest, ist ungesund am Körper. Privates Lesen ist Verweichlichung.« (EL, S. 134) Stattdessen wurde in dieser »Kaserne von einem Internat« »den halben Tag Sport als Heeresdrill betrieben, auch die Freizeit war der militärischen Erziehung gewidmet, so dass ich zu leiden hatte, Brillenträger schon damals« (zit. n. Katze, S. 16). Seine persönliche Erinnerung ist dabei untrennbar verknüpft mit der Weltgeschichte, die ihm sogar den eigenen Geburtstag umgewertet hat: 1944 fiel dieser Tag zusammen mit dem gescheiterten Attentat auf Hitler. Dem zehnjährigen Kind werden die Trennung von der über 300 Kilometer entfernten Familie und die »nächtliche Abreibung«, die ihm seine Mitschüler als Geburtstagsgeschenk verpasst haben, mehr zu schaffen gemacht haben als die Weltpolitik. Der Erwachsene vermied die Feier seines Geburtstages indessen, so gut er konnte, weil das Datum des 20. Juli ihm ein für alle Mal »beschlagnahmt« war durch das Scheitern des Attentats (zit. n. Katze, S. 16 f.).

Insgesamt verbrachte Uwe Johnson kein Jahr an der Deutschen Heimschule: Als die sowjetischen Truppen im Januar 1945 kurz vor Kosten standen, schloss das Internat. Der Zehnjährige kehrte mit einem Flüchtlingstreck zu seinen Eltern nach Anklam zurück.

Doch die Rote Armee rückte weiter westwärts, sodass die vierköpfige Familie Johnson im April 1945 ins Mecklenburgische
floh, nach Recknitz bei Güstrow, wo sie bei der Schwester des Vaters Unterschlupf fand. Wenige Wochen später fuhren Johnsons Eltern noch einmal nach Anklam, allerdings kam Erna Johnson allein zurück; Erich Johnson war verhaftet worden.

>»Nicht der Führer stand im Mittelpunkt meines Lebens, son-
>dern meine Eltern. Ich war noch zu jung, um nachhaltig beein-
>flußt zu sein. In jenem Internat galt mein Hauptinteresse im-
>mer dem Urlaub. Da ich so jung war, kam ich auch mit dem
>Leben davon. Die älteren mußten zurückbleiben und kämpfen,
>sie sind fast alle umgekommen.« (Uwe Johnson im Gespräch
>mit Wilhelm J. Schwarz am 10. Juli 1969 in Westberlin; IüG,
>S. 238)

Er wurde in einem sowjetischen Lager interniert und kehrte
nicht mehr zurück. 1948 wurde er für tot erklärt.

»In Stalins Schule«
Recknitz und Güstrow (1945-1952)

Etwa ein Jahr lang lebte Uwe Johnson mit Mutter und Schwester in Recknitz und besuchte die Dorfschule. Im Sommer
1946 zogen die drei ins zehn Kilometer entfernte Güstrow, wo
er nach zwei Jahren in der Zentralschule 1948 auf die John-
Brinckman-Oberschule kam. Seine Klassenkameraden erinnern
ihn als hochintelligenten, sprachbegabten und enorm belese-
nen Mitschüler, der über ein umwerfendes Gedächtnis verfügte und dessen Ironie – mitunter auch bei den Lehrern – ge-
fürchtet war. Er galt als verschlossen und etwas linkisch, ein
eher distanzierter Beobachter. In das schulische Leben war er
dennoch integriert, bei Konzerten des Schulchors sorgte er mit
gekonnten Moderationen als »Conférencier« für Stimmung.
Einige Kontakte aus dieser Zeit hielten ein Leben lang – zu
seinem Klassenkameraden Heinz Lehmbäcker etwa, aber auch
zu den Lehrern in Englisch und Musik. Sein Verhältnis zu Mutter und Schwester war dagegen eher schwierig, das Familienleben offenbar nicht sehr harmonisch. Die Mutter arbeitete als
Fahrkartenkontrolleurin bei der Deutschen Reichsbahn, der
Sohn trug zum knappen Haushaltsgeld bei, indem er Tele-
gramme für die Post austrug.

John-Brinckman-
Oberschüler

Im neuen gesellschaftlichen Leben engagierte sich Uwe Johnson aus Überzeugung. Die Wahrheiten über die Verbrechen der
Nationalsozialisten hatten den Schüler in den ersten Nach-
kriegsjahren tief schockiert, der neuen Ordnung, die mit dem

Anspruch auf Gerechtigkeit und Frieden auftrat, begegnete er deshalb mit Vertrauen und Hoffnung.

> »Die DDR als Lehrerin, so streng und wunderlich sie auftrat, konnte sich lange Zeit fast unbedenklich verlassen auf die beiden moralischen Wurzeln, die antifaschistische und die der sozialen Proportion, an denen sie die Jugendlichen hielt.« (Uwe Johnson: *Versuch eine Mentalität zu erklären*, 1970; BS, S. 54)

Als die DDR am 7. Oktober 1949 gegründet wurde, war der 15-Jährige seit acht Monaten im Kulturbund zur demokratischen Erneuerung Deutschlands und seit einem Monat Mitglied der Freien Deutschen Jugend (FDJ), wo er bald eine herausgehobene Stellung innehatte. Als Organisationsleiter der FDJ-Klassengruppe nahm er an einem vierwöchigen FDJ-Lehrgang teil, machte sein Abzeichen »Für gutes Wissen« in Bronze und stieg schließlich zum Organisationsleiter der Zentralen Schulgruppenleitung auf. Mit einem Wort: Uwe Johnson war ein FDJ-Funktionär (zu dessen Aufgaben auch die Beurteilung der gesellschaftlichen Tätigkeit seiner Mitschüler gehörte).

FDJ-Mitglied

Uwe Johnson als FDJler, um 1950

Doch er war auch ein genauer Beobachter. Die junge DDR zeigte früh, was ihr »die Freiheit und die Rechte des Menschen« wert waren, für die sie sich in der Präambel ihrer Verfassung verbürgt hatte, und sie zeigte es in Johnsons direktem Umfeld: Im September 1950 wurden bei einem Schauprozess in Güstrow mehrere junge Männer – vor allem Schüler der John-Brinckman-Oberschule – zu langjährigen Zuchthausstrafen verurteilt, weil sie auf Flugblättern für freie Wahlen in Ost und West geworben hatten. Es war der erste Prozess, den die DDR in dieser Art führte, und mit ihm schlug sie »den Weg zur Terrorjustiz« ein (Stadt Güstrow 1997, S. 31). Auf einer Schulversammlung wurden die Ereignisse diskutiert – eine Pflichtveranstaltung für alle Schüler der höheren Klassen, also auch für den Elftklässler Johnson. Wer gegen die harten Urteile protestierte, lernte bitter, wie die DDR mit Widerworten umzugehen gedachte: hier wurden Lebensläufe umgebogen, noch bevor sie richtig begannen. Der Diktatur-Charakter der DDR war schon deutlich zu sehen. Uwe Johnson, der neben einer scharfen Beobachtungsgabe auch über einen ausgeprägten Gerechtigkeitssinn verfügte, entging das keineswegs.

Als er ein Jahr später, im September 1951, von all seinen FDJ-Funktionen zurücktrat, musste er in »Stalins Schule« (BU, S. 43) einen guten Grund vorweisen, und den hatte er durchaus: Er brauchte mehr Zeit zum Lernen. Die Zulassung zum Studium

Abitur und Studienpläne

> »Ich möchte nach dem Abitur Germanistik studieren und nach Abschluß des Studiums wissenschaftlich in diesem Gebiet arbeiten. Ich habe diesen Beruf gewählt, weil meine Neigungen sich hauptsächlich auf die Beschäftigung mit der deutschen Literatur und Sprache erstrecken. [...] Über die nähere Praxis meines Berufes bin ich mir noch nicht völlig im klaren, da ich nicht weiß, ob ich die nötigen Fähigkeiten für den Beruf eines Schriftstellers noch im Laufe meiner Entwicklung erlangen werde.« (Uwe Johnson: *Darstellung meiner Entwicklung*, 23. März 1952; DE, S. 14)

war für Johnson – als Schüler bürgerlicher Herkunft und Sohn einer Angestellten – schwierig in einem Staat, der seine Universitäten vor allem den Arbeiter- und Bauernkindern öffnen wollte, die Noten daher doppelt wichtig.

Im Juni 1952 legte er das Abitur mit einem Durchschnitt von 2,2 ab, im Juli erhielt er den Zulassungsbescheid der Universität Rostock: Das Germanistik-Studium konnte beginnen.

Lernziel: »Die nötigen Fähigkeiten für den Beruf eines Schriftstellers« – Rostock (1952-1954)

Mit einer Feierstunde wurden die neuen Studenten der Universität Rostock am 8. September 1952 begrüßt – und mit der

Rede des Rektors sogleich aufgefordert, »an dem historischen Werk, dem Aufbau des Sozialismus in der DDR, mitzuhelfen« (Ostsee-Zeitung 1952, S. 6). Dem Wunsch des 18-jährigen Uwe Johnson, sich mit Literatur und Sprache zu beschäftigen, um die »nötigen Fähigkeiten für den Beruf eines Schriftstellers«

Studieren: in der DDR – für die DDR

zu erwerben (DE, S. 14), stand der Wunsch der jungen DDR gegenüber, an ihren Universitäten »junge marxistische Kader von wissenschaftlichen Arbeitern« heranzubilden (Ulbricht 1952, S. 106). Zu diesem Zweck hatte die Sozialistische Einheitspartei Deutschlands (SED) gerade die »Zweite Hochschulreform« durchgesetzt, gegen die sich an der Universität Rostock im Frühjahr noch (vergeblicher) Widerstand formiert hatte. Als Uwe Johnson immatrikuliert wurde, war die Hochschulreform beschlossene Sache und schlug sich unter anderem in zentral ausgearbeiteten Studienplänen nieder, die zum Leidwesen des motivierten Studenten keineswegs nur literarische Themen enthielten.

> »Was ich hören werde, wird mir vorgeschrieben, wie schön. Ich sah einen Vorlesungsplan, der begann mit den Worten: ›Pflichtvorlesungen. Erstens: Gesellschaftswissenschaften. Wochenstunden ––‹ Ich verabschiedete mich, tief beeindruckt. Diese Eindrücke werden, so fürchte ich, einige Abdrücke in der jungfräulichen Zartheit meiner Seele hinterlassen.« (Uwe Johnson in einem Brief vom 30. August 1952 an Charlotte Luthe [ohne Ort]; BCL, S. 81)

Der Stundenplan

Neben Literatur und Sprache standen auch Grundlagen des Marxismus-Leninismus sowie Veranstaltungen zur II. Parteikonferenz der SED auf dem Programm, außerdem Psychologie, Pädagogik, Russisch und Sport (von dem Johnson sich ärztlich befreien ließ). Doch selbst in den philologischen Fächern entsprach die Ausbildung nicht unbedingt seinen Vorstellungen. Sein Dozent für Germanische Philologie habe ihn »neulich beinahe an den Rand des Einschlafens gebracht«, die »Literatur des demokratischen Deutschlands« werde mit »geisttötender Gründlichkeit erklärt« und die für englische Literatur zuständige »ältliche Miß« neige zur »umständlichsten Umschreibung«, beklagte er sich bei seiner Recknitzer Grundschullehrerin Charlotte

Luthe (BCL, S. 90 f.). Das Niveau der Rostocker Germanistik war mittelmäßig. Die Folgen des Krieges waren nach wie vor spürbar, die Mittel im Rahmen des ersten Fünfjahresplans der DDR knapp, und auch die eher ideologischen als fachlichen Kriterien zur Auswahl des Lehrpersonals wirkten sich auf die Qualität aus: Es fehlte an Raum, an Büchern, an guten Dozenten.

Und auch an Wohnungen: Es gab nicht genug Studentenzimmer im noch immer stark zerstörten Rostock. In den ersten Wochen musste Uwe Johnson deshalb jeden Tag von Güstrow aus pendeln – etwa anderthalb Stunden Bahnfahrt pro Strecke, also drei Stunden pro Tag, die seinen mit 32 Wochenstunden ohnehin dicht gepackten Stundenplan noch einmal gehörig verlängerten. Um diesen Zustand zu beenden, entschloss er sich Anfang November, in eine Studentenunterkunft in der Vorstadt zu ziehen – eine improvisierte Massenwohnstätte mit großem Schlafsaal, die erheblich an seinen Nerven zerrte, aber wenigstens die täglichen Wege verkürzte.

Als Johnson zum Jahreswechsel 1952/53 schließlich eine Unterkunft im gutbürgerlichen Bahnhofsviertel von Rostock fand, war das ein doppelter Glücksfall: Nicht nur, weil er endlich (und: erstmals) ein Zimmer für sich allein hatte – ein Souterrain-Zimmer zwar, aber mit kleinem Fenster, sogar mit Küche, Waschgelegenheit und Toilette, überdies in fußläufiger Entfernung zur Universität –, sondern vor allem seiner Vermieterin wegen. Die 52-jährige Alice Hensan lebte mit ihrer Mutter Ada und ihrer Tochter Dorothy ebenfalls im Haus und empfing ihren Untermieter mit offenen Armen. Es entwickelte sich eine lebenslange Freundschaft. Als Student durfte sich Johnson durch die gut sortierte Hausbibliothek der Hensans lesen und führte mit der 85-jährigen »Granny« Ada, einer gebürtigen Engländerin, Gespräche über englische Literatur.

Studienbuch der Universität Rostock

ZUR BEACHTUNG!

Im Frühjahr 1953 verbesserte sich auch seine finanzielle Lage: Nachdem seine Mutter ihre Stellung bei der Reichsbahn gewechselt hatte und nun als Güterwagenschaffnerin statt als Fahrkartenkontrolleurin arbeitete, wurde Johnson vom »Angestelltenkind« zum »Arbeiterkind«, sodass ihm fortan statt des Leistungsstipendiums von 130 DM ein Grundstipendium von 180 DM zustand. Weil seine Studienleistungen sehr gut waren, erhielt er zusätzlich einen Leistungszuschlag von 40 DM; mit 220 DM pro Monat ›verdiente‹ er nun sogar mehr als seine Mutter. Damit kam man als Student gut über die Runden, und Uwe Johnson konnte sich im Sommer 1953 sogar ein eigenes Paddelboot leisten.

Trotz dieser objektiven Verbesserungen seiner Lebenssituation stand ihm die schwierigste Zeit in Rostock noch bevor. Seit Herbst 1952 hatten SED und FDJ eine groß angelegte Hetzkampagne gegen die Jugend der evangelischen Kirche, die Junge Gemeinde, vorbereitet. Ziel war es – so die *Junge Welt* im April 1953 –, sie als »von den westdeutschen und amerikanischen Imperialisten« dirigierte »Tarnorganisation für Kriegshetze, Sabotage und Spionage« zu entlarven und zu liquidieren (zit. n. Katze, S. 49) und den Religionsunterricht zu verbieten. Im Frühjahr 1953 erreichte die Kampagne die Hochschulen; kirchliche Mitarbeiter wurden verhaftet, Hunderte von Oberschülern und Studenten ihrer Schulen und Universitäten verwiesen, Schauprozesse inszeniert. Auf einer der landesweit abgehaltenen »Protestversammlungen« riskierte Uwe Johnson am 5. Mai 1953 in der Philosophischen Fakultät Rostock Kopf und Kragen: Er war im Vorfeld von der FDJ aufgefordert worden, das Wort gegen die Junge Gemeinde zu ergreifen und drei (ihm bekannte) Gemeindemitglieder aus Güstrow wegen eines (erfundenen) Überfalls zu denunzieren. Zwar hatte sich Johnson als Schüler in der FDJ engagiert, war keineswegs ein Gegner der DDR und hatte mit der Jungen Gemeinde wenig am Hut (obwohl er 1949 konfirmiert worden war und offiziell zur evangelischen Kirche gehörte). Aber diese Kampagne konnte der 19-Jährige mit seinem Wahrheits- und Gerechtigkeitssinn nicht vereinbaren, eine bestellte, möglicherweise strafrechtlich relevante Falschaussage schon gar nicht. So trat er zwar als FDJ-Redner an, tat

Junge Gemeinde

aber das Gegenteil dessen, wozu man ihn beauftragt hatte: Er nahm die Junge Gemeinde in Schutz und warf den Staatsorganen mehrfachen Verfassungsbruch vor.

> »Zum Schluss kam der Jugendfreund aus Güstrow mit der Feststellung, die Hetze und die Schikanen gegen eine Religionsgemeinschaft konstituiere einen mehrfachen Bruch der Verfassung der Deutschen Demokratischen Republik, ausgeführt durch die Regierung der Deutschen Demokratischen Republik: Artikel 9 gewährleiste die Freiheit der Meinungsäußerung, Artikel 41 die Glaubensfreiheit und ungestörte Ausübung der Religion, und so fort bis zum Artikel 45. Wenn das eine Verschwörung sei, so wolle er, gerade als einstiger Org.-Leiter, da austreten.
> Kein Beifall.«
> (Uwe Johnson: *Begleitumstände*, 1980; BU, S.65 f.)

Das war so mutig wie selbstzerstörerisch, so unerhört wie eigensinnig, und Johnson muss gewusst haben, dass ein solcher Auftritt nicht ohne Konsequenzen bleiben konnte. Als er Mitte Mai vor die Parteileitung geladen wurde, hatte er von der Exmatrikulation bis zur Verhaftung mit beinahe jeder Sanktionierung zu rechnen – doch seltsamerweise erfolgte nichts dergleichen, obwohl er seine Aussage während dieses Gesprächs sogar noch einmal bestätigte. Zwar war seine Exmatrikulation wohl zunächst erwogen worden, blieb dann aber offenbar doch aus (jedenfalls lässt sie sich auch in den inzwischen wieder zugänglichen Universitätsakten nicht nachweisen). Johnson konnte relativ unbehelligt weiterstudieren und trat im September 1953 in sein zweites Studienjahr ein.

Warum kam gerade er glimpflich davon, obwohl der Kirchenkampf zuvor zu so vielen Verhaftungen geführt hatte? Vermutlich hatte er schlicht Glück mit dem *timing*: Während in Moskau nach Stalins Tod am 5. März 1953 bereits die Politik des »Neuen Kurses« diskutiert wurde, hielt die DDR zunächst an ihrer **Der »Neue Kurs«** harten Linie fest. Im Mai 1953 – etwa in der Zeit von Johnsons Rede und Vorladung – erzwang die Moskauer Führung die Durchsetzung des »Neuen Kurses« auch in der DDR, Anfang Juni wurde er offiziell verkündet. Neben der Verbesserung der

Versorgungslage zielte er unter anderem auf die Beendigung des Kirchenkampfes: Die Junge Gemeinde wurde wieder legalisiert, Relegationen und Berufsverbote rückgängig gemacht.

Den Arbeiteraufstand vom 17. Juni konnte die neue politische Linie nicht verhindern – an der Rostocker Universität fiel dieser Aufstand jedoch weitgehend aus, und wie Uwe Johnson diesen Tag erlebte, ist nicht überliefert.

Die Episode um die Junge Gemeinde hinterließ trotz des glimpflichen Ausgangs Spuren: Das Thema des Verrats, das Johnson mutig öffentlich gemacht hatte, ließ ihn zeitlebens nicht mehr los, zudem war der Vorfall für ihn moralisch nicht ausgestanden, nur weil seine unmittelbarsten Konsequenzen abgewendet waren: Er machte ihn zum Gegenstand seines ersten Romans Vgl. S. 75 *Ingrid Babendererde*, den er 1953 zu schreiben begann.

> »So bekam jemand seine ureigene Sache, seinen persönlichen Handel mit der Republik, seinen Streit mit der Welt darüber, wann etwas eine Wahrheit ist und bis wann eine Wahrheit eine Bestrafung verdient. Da ihm verwehrt ist, dies öffentlich auszutragen, wird er es schriftlich tun.« (Uwe Johnson: *Begleitumstände*, 1980; BU S. 69)

Parallel zur Arbeit am *Ingrid*-Roman absolvierte Johnson sein zweites Studienjahr. Noch während der Zwischenprüfungen im Mai 1954 beantragte er mit seiner Freundin Gertrud Ebel

Postkarte an Heinz Lehmbäcker: »Leaving this for Leipzig«, 1954

Rostock. *Nicolaikirche* LEAVING THIS FOR LEIPZIG. I SHALL BE WAITING THERE FOR YOU. IMAGINE!

einen Hochschulwechsel nach Leipzig. Begründung: »Es ist mein Wunsch, mein rein germanistisches Studium durch Vorlesungen über die klassische deutsche Philosophie, Philosophiegeschichte, Psychologie zu ergänzen; auch möchte ich meinen anglistischen Interessen etwas mehr Rechnung tragen können.« (Universitätsarchiv Leipzig, Studentenakte, StuA 1656, Bl. 23) Johnson suchte andere intellektuelle Herausforderungen, als die Universität Rostock bieten konnte.

In der »wahren Hauptstadt« der DDR
In Leipzig und ›auf der Eisenbahn‹ (1954-1959)

Im Vergleich zu Rostock war Leipzig entschieden weniger provinziell: die Leipziger Messe spülte zweimal jährlich internationales Publikum in die Stadt und sorgte für weltläufiges Flair. Auch in der akademischen Lehre war »die wahre Hauptstadt« der DDR (IüM, S. 18) besser ausgestattet. Zwar blieben Johnson weder die Grundlagen des Marxismus-Leninismus noch die Russisch-Kurse erspart, doch in der Germanistik konnte er nun aus dem Vollen schöpfen. Sein wichtigster Lehrer wurde Hans Mayer, ein promovierter Jurist, der als ›Quereinsteiger‹ an die Leipziger Germanistik gekommen war. Seine Vorlesungen waren so bekannt wie überfüllt. Mayer scherte sich nicht um die Parteilinie des sozialistischen Realismus, er war ein profunder Kenner der Weltliteratur, ein brillanter Redner, so mitreißend wie begeisterungsfähig, zudem häufig auf Vortragsreise in Ost und West – eine rundum weltläufige Figur. Mayer brachte die literarische Moderne nach Leipzig. Und er sorgte dafür, dass seine Studenten diese Moderne auch lesen durften.

Hans Mayer

Johnson machte von dieser Möglichkeit ausgiebig Gebrauch. In Mayer hatte er einen Lehrer gefunden, der ihn forderte – und förderte: Nach einem so scharfsinnigen wie im Denken eigenständigen Referat wurde der Student vom Professor in die Sprechstunde eingeladen, wo er von einem eigenen Schreibprojekt erzählte. Es war der Roman *Ingrid Babendererde*, den er in einer (heute verschollenen) Urfassung aus Rostock mitgebracht hatte. Mayer zeigte sich interessiert, bestand aber auf rollengerechtem Abstand, sodass der Student erst Examen machen musste, bevor er sein Manuskript zur Lektüre bringen durfte.

> »[Johnson] sprach ohne Zwang, sondern mit einer Verbindung
> von Understatement, von Zitaten und Eh-scho-Wissen, wie die
> Wiener sagen, wo man sich in Andeutungen verständigen kann
> [...]. Johnson sprach gerne in Zitaten. Er merkte sofort, wenn
> man die Zitate erkannte. [...] Nach dieser ersten Begegnung,
> so viel ist mir heute klar, wusste ich: Das ist ein Genie.« (Hans
> Mayer: *Unerwartete Begebenheit*, 1992, S. 42)

Auch im Privaten erwies sich der Wechsel nach Leipzig als prä-
gend. Hatte sich Johnson in Rostock (erst recht nach seinem
Auftritt auf der »Protestversammlung«) mitunter isoliert ge-
fühlt, so fand er in Leipzig nicht nur seine künftige Ehefrau,
Der Leipziger sondern auch Freundschaften, die er später als »seltenes lebens-
Freundeskreis geschichtliches Geschenk« bezeichnete (Jake, S. 52) und die ihn
fast bis an sein Lebensende begleiteten. Im sprachwissenschaft-
lichen Seminar hatte er Klaus Baumgärtner (genannt James)
getroffen, Manfred Bierwisch (genannt Jake) war ebenfalls
Sprachwissenschafts-Student, Eberhardt Klemm (genannt Béla)
hatte gerade sein musikwissenschaftliches Studium abgeschlossen, und Joachim Menzhausen (noch einmal: James) war Kunst-
historiker. Uwe Johnson wurde als »Ossian« in den Kreis aufgenommen, benannt nach jenem mythischen keltischen Barden,
dessen angeblich neu entdeckte Texte im 18. Jahrhundert die
Literatur von Klopstock bis Goethe beeinflusst hatten, sich aber
später als raffinierte Fälschungen ihres vermeintlichen ›Entde-
ckers‹ James Macpherson herausstellten. Johnson wurde also
benannt nach einem »gerüchteweisen Dichte[r]« (Bierwisch
1994, S. 20), und in der Tat war er ja auch selbst ein solcher: Bereits am ersten Abend hatte er Klaus Baumgärtner erklärt, »er

> »Wenn du dazu gehörst, dann gehörst du eben dazu. [...] Wenn
> du dich an ›die Freunde‹ wendest, dann meinst du uns Fünf
> und was das Wort tatsächlich bedeutet.« (Uwe Johnson: *Fünf-*
> *undzwanzig Jahre mit Jake* [1980]; Jake, S. 53)

habe einen Roman verfaßt, der könne ihn, wenn der Staatssi-
cherheitsdienst davon erfahre, leicht hinter schwedische Gar-
dinen bringen« (SGB, S. 108 f.). Zu einem solchen Bekenntnis
gehörte in der DDR der 1950er Jahre ein Vertrauen, das diese

Leben

fünf Freunde einander ohne Wenn und Aber entgegenbrachten, ebenso wie sie einander vorbehaltlos akzeptierten in all ihrer Verschiedenheit. In dieser Freundschaft galt ein Anspruch auf Absolutheit, der Uwe Johnson mit seinem ausgeprägten (mitunter unerbittlichen) Sinn für moralische Integrität auf ganzer Linie entsprach.

> »Ossian war unsere erste moralische Instanz. Er mußte sich lediglich, aus schierer Größe, im ganzen leicht nach vorne beugen, ein wenig die Schultern hängen und die Arme baumeln lassen, den Kopf ein Stück zur Seite neigen, dazu die Augen, in Erwartung des üblichen Mangels an Zutrauen und Verständnis in der Welt, nur einen Schlitz weit verengen, die Lippen schürzen und dann schließlich [...] in stark verminderter Tonart einen sehr langsamen Satz dahersagen etwa des Sinnes *Aber hast du denn das nicht selber kommen sehen* oder *Bisher hast du doch immer das Gegenteil behauptet* oder *Weißt du eigentlich, daß ich dafür deine feste Zusage hatte*, und schon waren dir die Leviten gelesen.« (Klaus Baumgärtner über Uwe Johnson, 2004; zit. n. SG3, S. 110)

Uwe Johnson als Student, Mitte der 1950er Jahre

Bei den Freunden lernte er auch seine spätere Frau, die ein Jahr jüngere Studentin Elisabeth Schmidt, kennen, derentwegen er sich von Gertrud Ebel trennte. Ausgelassenheit, ja ausgelassene Albernheit war ein wesentliches Element der Treffen: 1958 etwa spielte man Goethes *Faust* nach, wobei Johnson unter anderem den Ofen in Fausts Studierzimmer mimte (SGB, S. 114 f.) – komische Szenen, die gleichzeitig auf den intellektuellen Horizont des Kreises verweisen. Für die intellektuelle Entwicklung Johnsons ist der Leipziger Freundeskreis kaum zu überschätzen: Eine bildungsbürgerliche Sozialisation, wie sie die Freunde durchlaufen hatten, war neu für ihn und eröffnete ihm ungekannte Horizonte. So unterschiedlich die Studienfächer der fünf waren, so vielfältig waren ihre Interessen und so außergewöhnlich ihre Begabungen. Die Treffen gerieten häufig zu regelrechten Debatten. Von Walter Benjamin bis Theodor W. Adorno, von Georg Lukács bis Bertolt Brecht, von William Faulkner bis Jean-Paul Sartre wurde die Moderne auf höchstem Niveau diskutiert, auch Musikalisches, Linguistisches oder Philosophisches stand auf dem Programm, und Uwe Johnson hat die Freunde einmal über vier Samstage hinweg mit einem Vortrag von William Faulkners Roman *The Sound and the Fury* (1929) in Bann gezogen, indem er den Roman nicht etwa vorlas, sondern aus dem Stegreif ins Deutsche übersetzte.

Im Leipziger Freundeskreis fand Johnson nicht zuletzt ein Forum für die ästhetischen Fragen, die ihn bei der Überarbeitung seines *Ingrid*-Romans beschäftigten: Ende 1955 hatte er auf Grundlage der Rostocker Urfassung eine erste Romanversion erstellt, die er im Winter 1955/56 einer umfassenden Revision unterzog.

So deutlich hatten sich seine Prioritäten inzwischen auf das ›Schriftsteller-Sein‹ verschoben, dass er darüber sogar sein Examen riskierte: Seine Diplomarbeit, 1956 über Ernst Barlachs *Der gestohlene Mond* (1936 / 37) geschrieben, wurde mit »gut« bewertet, seine Mittelhochdeutschklausur mit »befriedigend«. Zum Problem wurden die Klausuren bei Hans Mayer: Diejenige über Heinrich Heine weigerte sich der geschätzte Professor zu bewerten, weil er Johnsons Handschrift nicht entziffern konnte. Die andere über den IV. Schriftstellerkongreß von 1956 war zwar leserlich geschrieben, aber – so Mayers Gutachten – mit dem »Charakter einer Prüfungsarbeit« nicht »vereinbar«: Johnson hatte das Thema lediglich als Aufhänger benutzt, um ganze Passagen seines *Ingrid*-Romans niederzuschreiben. Das war so selbstbewusst wie frech, und Mayer befand: »Es hieße, sich zum Partner eines Spiels! zu machen, wollte man diesen Aufsatz lesen und ›zensieren‹. […] Nicht zensiert.« (Zit. n. Katze, S. 58 f.) Diese Reaktion war wohlwollend, denn sie bot dem Prüfling die Möglichkeit zur Wiederholung. Der war allerdings so mit seiner *Ingrid* beschäftigt, dass er sich zunächst weigerte, sich erneut um sein Examen zu kümmern. Es bedurfte einiger Überredungskünste seiner Freunde, bis er schließlich noch ein-

Ein fast verpatztes Examen

Leben

mal zu zwei Klausuren antrat und im Juli 1956 seine Prüfungen abschloss.

Ab August 1956 war Uwe Johnson Diplom-Germanist mit einem mehrfach überarbeiteten Roman in der Schublade. Er bemühte sich nun parallel um die Veröffentlichung seines Buches und eine seiner Qualifikation entsprechende Arbeit. *Ingrid* bot er mehreren Verlagen in der DDR an. Der Lektor des Aufbau-Verlags zeigte sich zwar zunächst durchaus angetan,

Veröffentlichungsversuche

> »Von allen eingesandten Manuskripten, die ich in den letzten Jahren gelesen habe, ist dies mit Abstand das beste. [...] Mit seiner Kritik will [der Autor] aufbauen und Mißstände beseitigen.« (Herbert Nachbar, Lektor im Aufbau-Verlag, über Uwe Johnsons *Ingrid*, 1956; zit.n. Grambow 1997, S.50f.)

nach einem vernichtenden Votum seines Cheflektors war das Manuskript aber schnell vom Tisch. In anderen Verlagen erkannte man Johnsons Talent, forderte aber Veränderungen, um den

> »Die Geschichte läppert so dahin, verkrampft in Avantgardismus à la Weyrauch, steril und durch ihre Sterilität arrogant wirkend. Typischer Fall von ›Westkrankheit‹, als solcher interessant. Autor braucht eine Gehirnwäsche. Als Talentprobe nicht von besonderem Belang.« (Max Schroeder, Cheflektor im Aufbau-Verlag, über Uwe Johnsons *Ingrid*, 1956; zit.n. Johnson-Jahre, S.13)

Text politisch opportuner zu machen; dies konnte Johnson ab einem bestimmten Punkt nicht mehr akzeptieren, und so kam die Sache Ende 1956 zum Stillstand.

Hans Mayer vermittelte schließlich einen Kontakt zum Suhrkamp Verlag in Frankfurt am Main. Am 11. Juli 1957 traf sich der knapp 23-jährige Uwe Johnson in Westberlin mit Peter Suhrkamp, dem verehrten Verleger Benjamins, Brechts und Adornos, der den S. Fischer Verlag durch den Nationalsozialismus gebracht und der seine Internierung während des letzten Kriegsjahres nur knapp überlebt hatte. Diese Legende von einem Verleger war durchaus interessiert an Johnsons Erstling, sein designierter Nachfolger Siegfried Unseld jedoch hatte Bedenken geäußert. Im Kern lief der Befund auf einen »Mangel an Welt« hinaus, und letztlich lehnte auch Suhrkamp den Roman ab –

Peter Suhrkamp

Vgl. S. 77

**Uwe Johnsons
Schreibmaschine**

**Arbeitslos und
freiberuflich**

nicht ohne den jungen Autor im Gespräch »an der Ablehnung seiner eigenen Arbeit« zu beteiligen (BU, S. 97) und ihn zum Weiterschreiben zu motivieren. Der war ohnehin längst mit seinem zweiten Roman beschäftigt. Sein in Rostock erstandenes Paddelboot hatte er nach dem Examen verkauft, um sich eine eigene Schreibmaschine leisten zu können, und schon seit November 1956 bemühte er sich »um die Vorbereitungen eines Buches über die erhebliche Verschrägung von Rauch durch Wind und Regen« (zit. n. Katze, S. 63). Uwe Johnson arbeitete an den *Mutmassungen über Jakob*.

Dass er dafür Zeit hatte, lag nicht zuletzt daran, dass es ihm nicht gelang, auf dem Arbeitsmarkt Fuß zu fassen. Weder als Doktorand an einer Universität noch in einem Verlag, bei einer Zeitung oder im Ministerium für Kultur hatte man Verwendung für ihn. Obwohl die DDR in ihrer Verfassung das Recht auf Arbeit verbürgt hatte, ließ sie diesen Hochschulabsolventen »arbeitsloser als man es glaube ich in Düsseldorf sein kann«, wie Johnson im Herbst 1956 seinem ehemaligen Kommilitonen Jochen Ziem in den Westen schrieb (JZB, S. 94). Ihm blieb nichts anderes übrig, als sich freiberuflich durchzuschlagen. Er erledigte Hilfsarbeiten für die Redaktion des *Deutschen Wörterbuchs* und schrieb Gutachten für Verlage. So souverän und treffsicher er auch argumentierte, so philologisch gründlich er seine Urteile auch absicherte – eine Stelle verschaffte ihm das nicht, und von den unregelmäßigen, zudem bescheidenen Einkünften konnte er kaum leben. Eine Übersetzung von Herman Melvilles *Israel Potter* (1854/55) aus dem Amerikanischen sowie eine Übertragung des *Nibelungenliedes* in neuhochdeutsche Prosa (die Johnson zusammen mit Manfred Bierwisch erledigte) waren zwar als Brotarbeiten gedacht, forderten aber erhebliche Vorleistungen und brachten erst spät Honorar – zu spät für Johnson: Beide Bücher wurden erst fertig, als er schon nicht mehr in der DDR lebte, sodass er sein Honorar nur über Umwege erhielt (und es Jahrzehnte dauerte, bis sein Name in den Druckauflagen genannt werden durfte).

Zu dieser angespannten Stellen- und Finanzlage kam eine instabile Wohnsituation. Sein Zimmer in Leipzig hatte er nach dem Examen aufgeben müssen. Allerdings durfte er monatelang im Leipziger Elternhaus von Manfred Bierwisch wohnen. Außerdem war er regelmäßig zu Besuch bei seiner ehemaligen Vermieterin Alice Hensan in Rostock. Auch bei Elisabeth Schmidt übernachtete Johnson gelegentlich, und manchmal bei Klaus und Sabine Baumgärtner, die inzwischen in Berlin wohnten. Sein offizieller Wohnsitz lag jedoch wieder in Güstrow: Im November 1956 waren seine Mutter und seine Schwester in den Westen geflohen. Johnson hatte die Familienwohnung auflösen müssen (und war wegen der Republikflucht seiner nächsten Angehörigen zweifelsohne von der Staatssicherheit befragt worden). Die Reichsbahn als Arbeitgeber seiner Mutter stellte ihm ein möbliertes Zimmer zur Verfügung; überdies durfte er in der Reichsbahnkantine zu Mittag essen, und die Bahnstrecken zwischen all seinen Aufenthaltsorten legte er auf dem Freifahrtschein seiner Mutter zurück. Ständig ›unterwegs auf der Eisenbahn‹ (BU, S. 118), recherchierte Johnson intensiv für seinen Eisenbahner-Roman *Mutmassungen über Jakob*, aber noch als er den Text im Jahr 1958 binnen elf Monaten niederschrieb, bestritt er Verlagen gegenüber, eigene literarische Projekte zu verfolgen. Er wollte sein neues Buch vor dem Zugriff des Staates schützen.

Als das Buch fertig war, war es Zeit, eine Entscheidung zu fällen. Über zwei Jahre hatte sich der inzwischen 24-Jährige mit provisorischen Wohnverhältnissen und unsicheren Gelegenheitsarbeiten über Wasser gehalten. Seit er nach Leipzig gekommen war, hatte er zwei Romane geschrieben, mit *Israel Potter* und dem *Nibelungenlied* zwei weitere literarische Arbeiten fast abgeschlossen. Uwe Johnson hatte sich zum professionellen Schriftsteller entwickelt, ohne bisher eine einzige Zeile veröffentlicht zu haben – und ohne die geringste Aussicht auf Veränderung dieser Situation.

Denn auch das Land, in dem er lebte, hatte sich gewandelt. War Johnsons frühe Leipziger Zeit von der tendenziellen Offenheit des »Tauwetters« geprägt, das nach Stalins Tod das politische Klima vorübergehend entspannt hatte, so hatte sich die

Die DDR nach dem »Tauwetter«

Lage mit der Niederschlagung des Ungarn-Aufstandes im November 1956 deutlich verfinstert. Eine neue Verhaftungswelle wegen »Boykotthetze« hatte auch in den Reihen der kritischen Intellektuellen empfindliche Lücken gerissen. Im April 1959 wurde mit dem »Bitterfelder Weg« eine Kulturpolitik propagiert, die die Kluft zwischen Arbwitern und Künstlern überbrücken sollte – und in der für einen wie Johnson kein Platz

Vgl. S. 83 f.

war. Ein Roman wie *Mutmassungen über Jakob* war geradezu gefährlich modern und passte nicht zum Programm von »Greif

Mutmassungen über Jakob: Titelblatt mit dem Pseudonym Joachim Catt

zur Feder, Kumpel« und »Dichter in die Produktion«; eine Romanfigur wie Stasi-Offizier Rohlfs war in der DDR des Jahres 1959 undenkbar.

Dessen war sich auch Uwe Johnson bewusst, der seinen neuen Roman deshalb im Osten gar nicht erst anbot, sondern ihn im Suhrkamp Verlag unter dem Pseudonym Joachim Catt veröffentlichen wollte. Er selbst wollte in der DDR bleiben und musste von Klaus Baumgärtner und Manfred Bierwisch mühsam überzeugt werden, wie gefährlich diese Idee war. Denn obgleich sogar diesen engen Freunden schleierhaft war, woher Johnson die Informationen über die Staatssicherheit für seinen Roman bezogen hatte, so war ihnen doch vollkommen klar: »Wenn die Stasi so ist, wie du sie beschreibst, dann nützt dir ein Pseudonym nichts.« (Bierwisch 1993, S. 95)

Johnson sah das schließlich ein und packte seinen Koffer (den Baumgärtner und Bierwisch über die Grenze schafften). Am 10. Juli 1959 – zehn Tage vor seinem 25. Geburtstag – stieg er mit seiner Aktentasche und seiner Schreibmaschine in Ostberlin in die Stadtbahn, um im britischen Sektor wieder auszusteigen und nicht zurückzukehren.

»Umzug« Damit war seine Flucht, die er zeitlebens als »Umzug« verstanden wissen wollte, vollzogen. Er war seinem Buch hinterher-

Leben

gereist. Zurück ließ er seine Freundin Elisabeth Schmidt, die Freunde und das Land, das er nach wie vor für die bessere Alternative hielt.

> »Zur Herbstmesse in Frankfurt am Main wird bei Suhrkamp ein Buch erscheinen unter meinem Namen, an dem ich in den letzten Jahren immer hübsch klammheimlich geschrieben habe. Sie können gewiss sein: ich hätte es lieber in der Deutschen Demokratischen Republik verlegt und gekauft gesehen. Und glauben Sie bitte nicht, dass ich mich mit diesem Buch gegen die Deutsche Demokratische Republik entschieden hätte. Ich bin sehr ungern gegangen.« (Uwe Johnson in einem Brief an Alice Hensan [Sommer 1959, ohne Ort])

»Eingesperrt in die Phrase des Gesamtdeutschen«
Berlin (1959-1966)

Wenige Tage nach seiner Ankunft in Westberlin erhielt Johnson die Druckfahnen der *Mutmassungen über Jakob*. Wenn das Buch zur Frankfurter Buchmesse vorliegen sollte, galt es, keine Zeit zu verlieren. Nachdem Peter Suhrkamp am 31. März 1959 gestorben war, hatte der 35-jährige Siegfried Unseld die Verlagsleitung übernommen; Johnsons *Mutmassungen* waren für ihn ebenso wie für den Autor ein »Erstling« (JUB, S. 38), und er kümmerte sich persönlich darum, alles auf den Weg zu bringen. Auch über Verlagsfragen hinaus bot er Unterstützung an und sorgte etwa dafür, dass Johnson statt im Notaufnahmelager gleich privat wohnen konnte. Von Anfang an hat Unseld Johnson freundschaftlich die Hand gereicht, und von Anfang an waren in dieser Freundschaft ›Dienst‹ und ›Schnaps‹ untrennbar miteinander verbunden.

Siegfried Unseld

Als Uwe Johnson am 9. Oktober 1959 nach Frankfurt am Main flog, war sein Buch gedruckt, erste Pressestimmen hatten befunden, dass er »in der vordersten Linie unserer deutschen Autoren« stehen und »internationalen Rang« beanspruchen könne (JUB, S. 36). Der Verleger hatte sich vorgenommen, den Autor »persönlich in das literarische Leben einzuführen« (JUB, S. 19) – es war eine Reise ins Rampenlicht, die der 25-jährige mit Selbstbewusstsein und erstaunlicher Gelassenheit antrat.

> »ich beehre mich Ihnen mitzuteilen, dass diese bedeutende
> Persönlichkeit, mit dem Anspruch auf internationalen Rang,
> am Freitag, 9. Oktober, gegen 14 / 55 Uhrzeit auf dem Flugplatz
> von Frankfurt am Main landen wird; der grosse Mann erscheint
> auf der Gangway, in der vordersten Linie unserer deutschen
> Autoren stehend, und wird von den Kameraleuten der Wochen-
> schauen begrüsst mit allen seinen drei Vornamen. Dessen nicht
> achtend, erklärt er unablässig: er sei noch viel jünger als in der
> Zeitung gestanden habe [...].« (Uwe Johnson in einem Brief vom
> 1. Oktober 1959 aus Berlin an Siegfried Unseld; JUB, S. 37)

Tatsächlich wurden die *Mutmassungen* von den wichtigsten
Kritikern der Bundesrepublik gefeiert und brachten dem Autor neben dem Ruf, ein Spezialist der deutschen Teilung zu
sein, auch ein Stipendium im Künstlerhaus Villa Massimo in
Rom sowie den Fontane-Preis der Stadt Berlin.

Noch während der Buchmesse lernte Johnson Martin Walser
und Hans Magnus Enzensberger kennen. Unmittelbar nach
der Messe tagte die Gruppe 47, die sich zu *der* literarischen
Institution der Bundesrepublik entwickelt hatte. Hier begegnete er neben Hans Werner Richter, dem organisatorischen
Kopf der Gruppe, unter anderem Ingeborg Bachmann und
Günter Grass. Im Anschluss absolvierte er in Frankfurt eine
Lesung mit Günter Eich. Aus diesen Kontakten entwickelten
sich Freundschaften, und als Johnson nach knapp vier Wochen
wieder in Westberlin eintraf, war er eine kleine Berühmtheit
und stand mit den wichtigsten Vertretern des Literaturbetriebs
auf Augenhöhe.

Gruppe 47

**Blick auf Frie-
denau aus dem
Atelierfenster,
Niedstraße 14**

Kurz darauf bezog er ein Atelier in der Niedstraße von Berlin-Friedenau, wo er seinen
neuen Roman *Das dritte Buch
über Achim* schrieb. Im November 1960 las er bei einer Tagung
der Gruppe 47 aus diesem Rad-
fahrer-Roman vor, im April
1961 war das Manuskript fertig.

Wenige Tage später flog er das erste Mal in die USA. Siegfried Unseld hatte ihm Vorträge und Seminare in Detroit und Cambridge organisiert, außerdem eine Einladung von Henry Kissinger an das renommierte International Seminar der Harvard University. Johnson sollte die Welt kennen lernen – und zwar speziell den westlichen Teil der Welt. Der Süden musste warten: der Aufenthalt in der römischen Villa Massimo war bereits mehrfach verschoben worden und nun für Herbst 1961 geplant. Doch es kam anders. Denn noch während Johnson in den USA mit seinem Vortrag *Berlin, Border of the Divided World* (*Berliner Stadtbahn*) reiste, der die Bedingungen des Schreibens in der geteilten, aber nicht abgeriegelten Stadt reflektierte, mehrten sich die Anzeichen, dass auch die Berliner Grenze geschlossen würde. Johnson beobachtete die Entwicklungen von den USA aus mit großer Sorge vor allem um seine Freundin Elisabeth Schmidt, die er dringend in den Westen wünschte.

Der Beginn des Mauerbaus am 13. August 1961 machte diese **Mauerbau** Hoffnung zunichte. Als Johnson wie geplant am 22. August wieder in Deutschland eintraf, war Westberlin abgeriegelt. Hatte Elisabeth Schmidt vorher nach Friedenau oder zu Ferien in Schleswig-Holstein reisen können, waren Klaus Baumgärtner und Manfred Bierwisch von Ostberlin aus zu Besuch in die Niedstraße gekommen, so waren diese Verbindungen nun schlagartig gekappt. Der Mauerbau war für Uwe Johnson nicht zuletzt eine ganz private Katastrophe.

> »Könnten Sie nicht doch länger hier bleiben? Nach der Nachricht vom 13. August und den folgenden Tagen werden Sie ohnehin in Berlin [...] weder nach dem Rechten noch nach dem Linken sehen können, und ich lasse Sie überhaupt von hier nur unter Ableistung heiligster Eide ziehen, in denen Sie mir versprechen, nichts Unsinniges zu machen.« (Siegfried Unseld in einem Brief vom 15. August 1961 aus Frankfurt am Main an Uwe Johnson; JUB, S. 156)

Unseld wusste das, und er machte sich Sorgen. Deshalb ließ er das Stipendium in Rom noch einmal verschieben und hielt Johnson im Herbst 1961 mit Lektoratsarbeiten in Frankfurt beschäftigt. So konnte er den Autor zwar aus Berlin fernhalten, nicht aber aus der eigentlichen Debatte – im Gegenteil: Der Mauerbau hatte dem deutsch-deutschen Roman *Das dritte Buch über Achim*, der im September erschien, eine unvorhergesehene Aktualität verliehen. Das Buch erlebte ein enormes Presseecho, in dem Johnsons Ruf als »Dichter der beiden Deutschland« zementiert wurde.

Johnson schätzte diesen Ruf wenig. Er wollte nicht vereinnahmt werden und bemühte sich in der tagespolitischen Diskussion stets um nüchterne Analyse. Damit zog er sich im hitzigen Diskussionsklima nach dem Mauerbau einen Presseskandal auf den Hals, der ihn fast die Reputation kostete. Am 11. November hatte er in Mailand zusammen mit dem renommierten, **»Kesten-Affäre«** mehr als 30 Jahre älteren Autor Hermann Kesten an einer öffentlichen Diskussion teilgenommen. Gegen Kestens emotional-moralisierende Redebeiträge hatte Johnson den Mauerbau auf eine ökonomische Not der DDR zurückgeführt und die Literatur von der Aufgabe einer politischen Stellungnahme explizit entbunden.

> »Da die Grenze offen war, war die natürliche Folge, dass vier Millionen Leute weggingen, weil es ihnen nicht gefiel. Dies stellte die ostdeutschen Behörden einem Arbeitskräftemangel gegenüber, den sie nicht länger aushalten konnten. Darum versperrten sie alle Fluchtwege, denn sie wollten weiterleben. [...] Und hier von Immoralität zu sprechen, heisst Geschichte mit moralischen Vorwürfen zu vermengen, heisst implicit zu sagen, der Kommunismus wäre immoralisch. Ich meine nicht, dass die Aufgabe der Literatur wäre, die Geschichte mit Vorwürfen zu bedenken.« (Uwe Johnson während einer öffentlichen Diskussion am 11. November 1961 in Mailand; zit. n. BU, S. 217)

Diese Nüchternheit provozierte, und wenige Tage später sah Johnson sich von Kesten öffentlich beschuldigt, er habe die Mauer als »gut, vernünftig und sittlich« gerechtfertigt (zit. n. Johnson-Jahre, S. 67). Der Pressewirbel, den diese Behauptung nach sich zog, schlug Wellen bis in den Deutschen Bundestag, wo Heinrich von Brentano (CDU) Kestens Darstellung ungeprüft übernahm und Johnsons Anspruch infrage stellte, »von dieser Bundesrepublik als Stipendiat« in die römische Villa Massimo »geschickt zu werden« (zit. n. Katze, S. 110). Das war (auch) insofern peinlich, als es Johnson kurz zuvor gelungen war, mithilfe von Tonbandaufzeichnungen nachzuweisen, dass Kestens Unterstellungen falsch waren.

Es ist typisch für Johnson, dass er seine Rehabilitation in einer nachprüfbaren Weise betrieb, nämlich anhand von Tonbändern. Seine eigenen Emotionen hielt er sorgfältig aus der Diskussion heraus, obgleich diese ihn vermutlich mehr als alles andere beschäftigten, hatte die Mauer ihm doch schlimme private Verluste eingetragen. Mit einem Druck auf die Tränendrüse hätte sich der 27-jährige ›Zonenflüchtling‹ die Sympathien der Öffentlichkeit leicht sichern können – und genau deshalb unterließ er es: Er wollte seine Haltung zu Politik und Literatur rehabilitieren, nicht sein persönliches Schicksal zur Schau stellen. Und er wollte Recht bekommen, nicht Mitleid.

»... nicht ohne Reiz, mit einem viertel Volkswagen im Gesicht herumzulaufen«, Anfang der 1960er Jahre

Mehrere Wochen stand Johnson im Brennpunkt einer hitzig geführten öffentlichen Debatte. Parallel dazu absolvierte er diszipliniert eine geplante Lesereise: In den knapp zwei Wochen zwischen Kestens erstem Presseartikel und Brentanos Auftritt im Bundestag las er fast täglich vor meist vollbesetzten Stuhlreihen aus dem *Dritten Buch über Achim*. Noch vor Ablauf des Jahres wurde die vierte Auflage des Romans gedruckt.

▲
Pfeifenraucher Uwe Johnson (bestsellernder deutscher Autor der schwer lesbaren Bücher „Mutmaßungen über Jakob" und „Das dritte Buch über Achim") gedenkt nicht, seinen jungen Reichtum in kostbaren Pfeifen anzulegen. Eine englische Pfeife in der 1000-Mark-Preislage könnte jedoch den 1959 aus der Sowjetzone geflüchteten Uwe in gewisser Weise erfreuen: „Ich kann mir vorstellen, daß es nicht ohne Reiz ist, mit einem viertel Volkswagen im Gesicht herumzulaufen!"

Eine positive Bilanz? In Zahlen vielleicht. Zumal Johnson für den *Achim*-Roman 1962 den Internationalen Verlegerpreis erhielt, der mit 10.000 Dollar (umgerechnet etwa 40.000 DM) hoch dotiert war und den sich im Jahr zuvor keine Geringeren als Samuel Beckett und Jorge Luis Borges geteilt hatten. Doch die Kesten-Episode hinterließ

Spuren. Hatte Johnson nach den *Mutmassungen* gelernt, was es heißt, thematisch vereinnahmt zu werden, so hatte er nun erfahren, wie vehement sich die Presse gegen die eigene Person richten kann – und zwar hüben *und* drüben: denn die »Kesten-Affäre« war auch in der DDR Anlass genug, den eigentlich ignorierten Johnson öffentlich zu schmähen.

Vgl. S. 123

Das machte Elisabeth Schmidts Situation hinter dem Eisernen Vorhang nicht einfacher. Im Dezember 1961 kamen Klaus und Sabine Baumgärtner mit der Unterstützung von Fluchthelfern in den Westen, im Januar 1962 begannen sie die Flucht der Freundin zu organisieren; Johnson selbst hatte zu dieser Zeit endlich sein Stipendium in der Villa Massimo angetreten und verfolgte die Sache von Rom aus. Doch der erste Fluchtversuch missglückte, Elisabeth war gar nicht erst in den vorgesehenen Zug eingestiegen. Alarmiert reiste Johnson nun doch nach Berlin, um an der Vorbereitung des zweiten Versuchs mitzuwirken, der schließlich gelang: Nachdem sie sich fast ein Jahr nicht gesehen hatten, trafen sich Uwe Johnson und Elisabeth Schmidt am 15. Februar 1962 in Frankfurt am Main wieder. Zwei Wochen später heirateten sie im Frankfurter Römer; Siegfried Unseld und Suhrkamp-Lektor Walter Boehlich waren die Trauzeugen.

Nach der Hochzeit ging es – mit Zwischenstopp unter anderem bei den Walsers am Bodensee – gemeinsam nach Rom zur

Uwe Johnson und Martin Walser, Anfang der 1960er Jahre

Villa Massimo, wo die beiden bis zum Herbst ein recht geselliges Leben unter den Stipendiaten führten. Die wichtigsten
Kontakte entwickelten sich allerdings außerhalb der Villa: Johnson traf Ingeborg Bachmann wieder und lernte bei ihr Max
Frisch kennen, der zu dieser Zeit mit Bachmann in Rom lebte.
Man diskutierte, aß zusammen, spielte Boccia, unternahm Ausflüge, genoss das Leben. Wobei Johnson mit seiner strengen
Art und seiner schwarzen Lederjacke im *dolce far niente* mitunter eher fremd wirkte, sich für die Ewige Stadt selbst wenig
interessierte und ihre bedeutenden Kirchen systematisch mied:
»zuviel Kunst und Katholisches« für einen wie ihn (JGB, S. 200),
befand Günter Grass nach einem Besuch in Rom.

Literarisch war die Zeit in der Villa Massimo nicht sehr ergie-
big. An einem größeren Text arbeitete Johnson nicht, aber er
verfolgte mehrere Projekte, darunter die Übersetzung von John
Knowles' *A Separate Peace* (1959) aus dem Amerikanischen. Das
zeitintensivste Projekt war auch das problematischste: Er hatte
die Herausgeberschaft einer internationalen Literaturzeitschrift   **Literaturzeit-**
übernommen, die dreisprachig von hochkarätig besetzten Teams   **schrift *Gulliver***
aus Deutschland, Italien und Frankreich konzipiert werden
sollte. Dieses Amt war ein Wagnis, nicht zuletzt, weil Johnson
die Sprachen nicht beherrschte. Dennoch stürzte er sich gewis-
senhaft in die Arbeit an dem Projekt, das im deutschen Team
unter dem Titel *Gulliver* lief. Aber dieser Gulliver trat seine
Reise gar nicht erst an: Nachdem Johnson ein gutes Jahr in Kor-
respondenzen, Redaktionstreffen und dergleichen investiert hatte, scheiterte die Zeitschrift im April 1963. Bei zu wenig konkreten Ergebnissen hatten sich zu viele Unstimmigkeiten und
Vorwürfe angehäuft.

Auch die Arbeit an einer Brecht-Edition zog sich hin. In Rom   **Brecht-Edition**
hatte Johnson ein Exposé zu Bertolt Brechts *Me-ti* und *Buch
der Wendungen* geschrieben. Siegfried Unseld hatte ihn bei den
Brecht-Erben in Ostberlin als Herausgeber dieser Nachlass-
Manuskripte ins Spiel gebracht – eine durchaus kühne Idee, da
der ›Republikflüchtling‹ Johnson in der DDR nach wie vor
unerwünscht war. Gerade deshalb interessierte dieser sich doppelt für die Aufgabe, denn sie stellte ihm neben der Beschäfti-
gung mit einem hochgeschätzten Autor auch den Zugang zum

Brecht-Archiv und damit die Einreise nach Ostberlin in Aussicht. Die wurde ihm allerdings lange verwehrt, und erst im

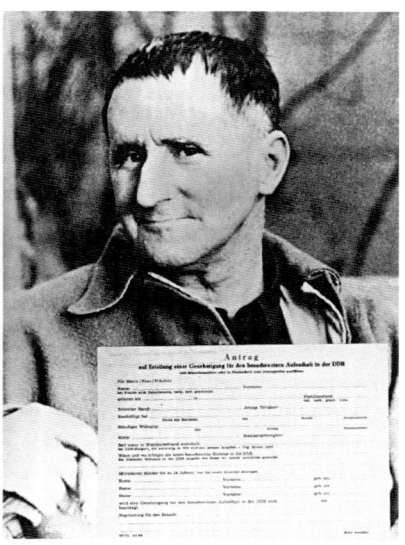

April 1965 konnte er für eine Woche im Ostberliner Archiv arbeiten (übrigens nur »durch Vortäuschung eines westdeutschen Hauptwohnsitzes« und den entsprechenden Personalausweis; BU, S. 331). So wuchs sich *Me-ti* zu einem langfristigen Projekt aus, das erst im Herbst 1965 veröffentlicht wurde. Aber es ermöglichte Johnson nach fast drei Jahren des Briefkontaktes endlich das Wiedersehen mit Manfred Bierwisch und den anderen Freunden im Osten, das er seit dem Mauerbau entbehrt hatte.

Denn als er im Oktober 1962 zusammen mit der hochschwangeren Elisabeth aus Rom wieder nach Berlin kam, kehrte er ins Zentrum des Kalten Krieges zurück, das er seit Beginn seiner USA-Reise im April 1961 gemieden hatte. Sofort wurde er von der Tagespolitik eingeholt – und geriet mehr als einmal in den Fokus der Medien.

Ein Bild, das in Johnsons Bibliothek hing: Fotografie von Bertolt Brecht, mit einem unter das Glas geklemmten Antragsformular für Aufenthaltsgenehmigung in der DDR

»*Spiegel*-Affäre«

Erster Anlass war die »*Spiegel*-Affäre«: Nach einem Artikel über die NATO waren im Herbst 1962 die Redaktionsräume des *Spiegel* durchsucht und mehrere Redakteure sowie der Herausgeber Rudolf Augstein verhaftet worden. Als sich herausstellte, dass Verteidigungsminister Franz Josef Strauß (CSU) persönlich seine Hände im Spiel hatte, wuchs die öffentliche Empörung über diesen Eingriff in die Pressefreiheit. Auch die Schriftsteller protestierten, und Johnson unterzeichnete gemeinsam mit anderen Kollegen der Gruppe 47 eine Erklärung, die den Rücktritt von Strauß forderte. An ihrer Formulierung hatte er selbst mitgewirkt, doch dieses Engagement bereute er schnell. Denn im Grunde achtete er penibel auf eine Trennung von Politik und Literatur. Das war im aufgeheizten Klima der frühen 1960er Jahre allerdings kein leichtes Unterfangen. Josef-Hermann Dufhues, der Geschäftsführende Vorsitzende der

> »Inzwischen kommt es mir doch vor wie Unverschämtheit.
> Denn was hätten wir, Schriftsteller, da der Öffentlichkeit zu
> empfehlen, als wären unsere Namen Markenartikel für politi-
> sches Urteil. Bekannt sind wir für Bücher, die nicht allzu viel
> Rücksicht nehmen auf, zum Beispiel, Geduld und Aufnahme-
> fähigkeit des Lesers; würd davon eins verboten, ging uns das
> an.« (Uwe Johnson in einem Brief vom 3. November 1962 aus
> Düsseldorf an Martin Walser; zit. n. Katze, S. 131)

CDU, stellte den vermeintlichen politischen Einfluss der Gruppe 47 gleich als so gefährlich dar, dass er sie kurzerhand als eine
neue »Reichsschrifttumskammer« bezeichnete (zit. n. Befreundungen, S. 27). Und so fand sich Johnson schon ein gutes halbes Jahr nach der »*Spiegel*-Affäre« als Mitkläger gegen diese
Verleumdung vor Gericht wieder (wo schließlich ein Vergleich
erwirkt wurde).

Als er im Januar 1964 seinen Aufsatz *Boykott der Berliner Stadtbahn* in der *Zeit* veröffentlichte, erntete er erneut zornige Reaktionen. Worum ging es? Die Berliner Stadtbahn, die sowohl
durch Ost- als auch durch Westberlin fuhr, wurde im Westteil
boykottiert mit dem Argument, die DDR als betreibende In-
stanz solle keinen Gewinn mit dem Geld Westberliner Fahrgäs-
te erwirtschaften. Johnson wies detailliert nach, dass dieses
Argument sachlich nicht haltbar war, dass der Boykott im Gegenteil der Westberliner Bevölkerung schade, weil er zu Über-
füllungen und Verteuerungen im öffentlichen Nahverkehr füh-
re. Dass derart nüchterne Analysen zu deutsch-deutschen
Themen nicht wohlgelitten waren, hatte er im Zuge der »Kesten-Affäre« gelernt. Dass aber ausgerechnet der *Tagesspiegel*, der
bei den Recherchen der Fakten geholfen hatte, ihm ein »Ver-
haftetsein […] in ostzonalen Denkschemen« vorwarf (Matthes
1964, S. 3), verletzte ihn doch. Nicht zum letzten Mal begegnete man Johnsons Sachargumenten, die der Aufweichung ideo- Vgl. S. 55
logischer Fronten hatten dienen sollen, hier mit neuen ideologischen Verhärtungen.

Trotzdem – oder gerade deswegen – setzte er sich immer wieder für deutsch-deutsche Sachlichkeit und für eine Normali-
sierung des Verhältnisses zwischen den beiden Teilen Berlins,

den beiden Teilen Deutschlands ein. So rezensierte er zum Beispiel ab Juni 1964 ein halbes Jahr lang regelmäßig Sendungen
des DDR-Fernsehens für den *Tagesspiegel*. Der druckte im Gegenzug das Ost-Fernsehprogramm ab, das in der Bundesrepublik bis dahin fast ausschließlich in kleinen Provinzblättern
zu lesen war, obwohl es in vielen Regionen empfangen werden
konnte. Im Windschatten dieser Aktion zogen andere große
Blätter nach: Als der Fernseher, den Uwe Johnson sich eigens
vom *Tagesspiegel* geliehen hatte, im Dezember 1964 wieder ab-
geholt wurde, war das Programm aus Adlershof fester Bestandteil sogar der Springer-Presse geworden.

(Marginalie:) **Kritiken des DDR-Fernsehens**

Die selbst auferlegte Pflicht, abends fernzusehen, bedeutete auch,
zu Hause sein zu müssen – sie hielt den Autor ein halbes Jahr
lang in Berlin und verschaffte ihm Zeit zum Schreiben. Denn
seit der Veröffentlichung von *Das dritte Buch über Achim*, die
inzwischen fast drei Jahre zurücklag, war Uwe Johnson beinahe
ununterbrochen gereist. An die Amerika-Reise und die Aufent-
halte in Frankfurt und Rom hatten sich umfangreiche Lesereisen angeschlossen, die nicht nur der Werbung dienten, sondern vor allem Honorare einbrachten. Diese Reisen waren zwar
auch ins Ausland gegangen, vornehmlich hatten sie aber kreuz
und quer durch die westdeutsche Provinz geführt, und wenn er
nach den oft mehrwöchigen Touren zurückkam, fühlte er sich

> »Für lange Zeit ist dies ganz gewiss meine letzte Reise mit Vor-
> lesen. Der Nutzen für ein Publikum ist mir zu unbekannt, als
> dass ich ihn abstreiten oder behaupten wollte; offensichtlich
> verliert jedoch der Verfasser Zeit, Zeit zum Schreiben und Zeit
> zum Nachdenken, und alles auf lästige Art.« (Uwe Johnson in
> einem Brief vom 10. November 1963 aus London an Siegfried
> Unseld; JUB, S. 310)

»eingeschüchtert von Hotelzimmern, Autogrammkrampf in der
Hand, verblödet vom landschaftlichen Angebot der westdeutschen Bundesbahn« (an Fritz Rudolf Fries, 25.2.1966). Die
Geburt der eigenen Tochter am 20. November 1962 hatte er
leserreisend in Ostfriesland ›verpasst‹, und noch bevor er nach
Berlin zurückkehrte, um seine Tochter Katharina Elisabeth
kennen zu lernen, war er nach Karlsruhe zu seiner schwerkran-

(Marginalie:) **Geburt der Tochter, Tod der Mutter**

ken Mutter gefahren; sie starb am 23. Februar 1963 mit 53 Jahren.

Im Juli 1963 bezog die dreiköpfige Familie Johnson eine Vierzimmerwohnung in der Stierstraße, gleich um die Ecke vom bisherigen Domizil in der Niedstraße, das Johnsons Arbeitszimmer blieb. Er nutzte es tagsüber als Büro, um endlich wieder zu schreiben.

Einige kleinere Prosastücke hatte er zuletzt verfasst, sie erschienen im Februar 1964 im Band *Karsch, und andere Prosa.* Doch nun wollte er wieder an einem größeren Projekt arbeiten. Johnson schwebte eine literarisch-dokumentarische Arbeit über eine Fluchthelfer-Gruppe vor. Seit 1961 hatte er Zeitungsausschnitte über die Mauer und ihre Auswirkungen gesammelt; zu den Fluchthelfern von Elisabeth hatte er inzwischen ein freundschaftliches Verhältnis entwickelt, nun nahm er Kontakt zu weiteren Fluchthelfern von 1961 auf. Er fragte sie nach ihren Motiven und Methoden und nahm die Gespräche auf Tonband auf. Doch der Gegenstand war zu komplex, Johnson gab das Vorhaben schließlich auf. Das Fluchthilfe-Thema fand seinen Niederschlag dennoch gleich in zwei literarischen Texten – in *Eine Kneipe geht verloren*, der im Frühjahr 1965 in Enzensbergers neuer Zeitschrift *Kursbuch* erschien, sowie im Mauer-Roman *Zwei Ansichten*, den Johnson (vor allem im ›Fernsehhalbjahr‹) 1964 niederschrieb. Er erschien im Herbst 1965 und zog eine fast zweimonatige Lesereise nach sich.

(Randnotiz:) Fluchthilfe-Projekt

Ein neuer dokumentarischer Plan scheiterte konkret an der Willkür der innerberlinischen Grenze: Ende 1965 plante Johnson ein Buch mit dem Arbeitstitel *Das ostdeutsche Jahr*, dessentwegen er nicht weniger als 28 ostdeutsche Zeitungen abonnieren und zusätzlich in Ostberlin und der DDR recherchieren wollte. Doch nachdem er 1965 noch mit seinem westdeutschen Ausweis nach Ostberlin hatte reisen dürfen, wurde ihm im Januar 1966 »an der Grenze mitgeteilt […], dass ich in Ostberlin ›nicht mehr erwünscht sei‹« (JUB, S. 421). Damit waren die Recherchewege gekappt, *Das ostdeutsche Jahr* war geplatzt, Johnson stand erneut ohne größeres literarisches Projekt da.

(Randnotiz:) Das ostdeutsche Jahr

Überdies schnitt ihn das Einreiseverbot abermals von den Freunden im Osten und vom so geliebten wie entbehrten Mecklenburg ab. Die Mauer, der er sich von so vielen Seiten schreibend zu nähern versuchte, bestimmte seine Lebensrealität nach wie vor auch im Privaten.

> »Wortkarger, spröder als an diesen Nachmittagen [mit Spaziergängen entlang der Mauer, KL] angesichts des hinter Stacheldraht, Wachtürmen und Beton abgeschirmten realen Sozialismus war Freund Johnson nie. Doch sie arbeitete in ihm, ahnbar, fast hörbar, diese stumme Wut auf den für ihn monströsesten, unbegreiflichsten Verrat, den dumpfen Bruch des Versprechens, die bessere, menschlichere ›Möglichkeit zu leben‹ dort drüben einzurichten [...]«. (Reinhard Baumgart: *Damals. Ein Leben in Deutschland 1929-2003*; 2003, S. 236 f.)

Freundschaften Natürlich hatte er seit 1959 auch im Westen Freunde gewonnen. Ingeborg Bachmann lebte nach ihrer Trennung von Max Frisch seit 1963 in Berlin; die Ärzte hatten ihr viel Bewegung an der frischen Luft verordnet, und Johnson radelte mit ihr und Hans Werner Richter regelmäßig durch den Grunewald, bevor sie Ende 1965 wieder nach Rom zog. In direkter Nachbarschaft wohnte Günter Grass, dem Johnson zum Kauf eines Hauses nebenan in der Niedstraße verholfen hatte, ebenso Hans Magnus Enzensberger, den er beim Kauf einer Wohnung in

Hans Magnus Enzensberger, Uwe Johnson und Günter Grass, Mitte der 1960er Jahre

der nahen Fregestraße unterstützte. Martin Walser, einer der engsten Freunde, wollte trotz Johnsons Vorschlägen für Häuser im Friedenauer Kiez doch lieber am Bodensee bleiben. Siegfried Unseld schließlich, der Frankfurter Verleger-Freund, hatte immer wieder versucht, Johnson zum Umzug ins Hessische zu bewegen, vor allem weil er ihn aus Berlin als Zentrum des Kalten Krieges herausholen wollte.

Doch genau dort, im Angesicht der Mauer, sah Johnson seinen Ort in Deutschland. Trotzdem fühlte er sich zunehmend fremd, was insbesondere auf der Vermischung von Politik und Literatur beruhte, die im intellektuellen Westberlin Mitte der 1960er Jahre an der Tagesordnung war und die ihn auch von befreundeten Kollegen zunehmend entfernte. Außerdem fühlte er sich nach der Publikation seines Mauer-Romans *Zwei Ansichten* »[z]um vierten Mal eingesperrt in die Phrase des Gesamtdeutschen« (BU, S. 396). Uwe Johnson wünschte sich eine Veränderung.

Und er hatte Glück: Im Mai 1965 hatte er Günter Grass auf einer Reise in die USA begleitet und dort unter anderem die amerikanische Verlegerin Helen Wolff kennen gelernt, die Witwe des legendären Kafka- und Expressionismus-Verlegers Kurt Wolff. Seit dem Tod ihres Mannes führte sie das Imprint *A Helen and Kurt Wolff Book* im New Yorker Verlag Harcourt, Brace & World allein. Die knapp 60-jährige Verlegerin interessierte sich für den jungen Autor, der ihr von seinem Wunsch nach einem USA-Aufenthalt erzählte. Am 21. März 1966 bot sie ihm für ein Jahr eine Stelle als Schulbuchlektor bei Harcourt, Brace & World in New York City an.

Helen Wolff

Uwe Johnson griff sofort zu. Nach knapp sieben Jahren mit Westberlin als Hauptwohnsitz und der deutsch-deutschen Grenze als Dreh- und Angelpunkt im Schreiben wie im Leben war ihm ein Wechsel der Perspektive mehr als willkommen.

Neue Fenster, neue Blickrichtungen
New York (1966-1968)

Im April 1966 tagte die Gruppe 47 in Princeton, 75 Kilometer südlich von New York. Uwe Johnsons Teilnahme war lange geplant; dass er sie nun gleich für seinen Umzug nutzen konnte, war ein trefflicher Zufall, der ihm auch Distanz ermöglichte.

Zwar war er im Tross von etwa 80 Repräsentanten der deutschen Nachkriegsliteratur gekommen, doch würde er als ›normaler‹ Arbeitnehmer in Amerika bleiben, und genau diese Unabhängigkeit hatte er sich gewünscht. In Princeton hatte er die Position schon halb gewechselt, hielt sich während der Tagung im Hintergrund und beteiligte sich weder an der Diskussion über engagierte Kunst noch am Teach-in gegen die militärische Intervention der USA in Vietnam. Die Verschränkung von Literatur und Politik, der Johnson entkommen wollte, konnte er in Princeton noch einmal aus der Nähe betrachten.

Dann suchte er eine Wohnung für drei, denn im Mai wollten Elisabeth und Katharina nachkommen. Und noch einmal hatte er Glück: Das möblierte Apartment, das er am Riverside Drive 243 in der Upper Westside von Manhattan mietete, bot in allen drei Zimmern Blick auf den Hudson River, der Riverside Park mit Grünflächen und Spielplatz lag vor der Tür, bezahlbar war die Wohnung obendrein.

Helen Wolff und
Siegfried Unseld, Princeton
1966

»Also, sobald ich von der lächerlichen Tagung der so genannten Gruppe 47 zurückkam nach New York und U.S.A., begann ich die Immobilienseiten der N.Y. Times zu lesen [...].« (Uwe Johnson in einem Brief vom 20. Mai 1966 aus New York City an »Liebe Freunde«; zit. n. Katze, S. 179)

Am 1. Juni 1966 trat Johnson seine Stelle in der Schulbuchabteilung von Harcourt, Brace & World in Midtown Manhattan an. Seine Aufgabe war, ein Lesebuch zur deutschen Nachkriegsliteratur für die High School zusammenzustellen. Er wählte Texte aus, klärte Rechtefragen, recherchierte Details für Sacherläuterungen und Autoreninformationen, formulierte Fragen

> »[...] mein Auftrag ist, dies falsch zu machen. [...]. Um in Texas zu gefallen, darf das Buch die siebzehn und achtzehn Jahre alten Schueler weder mit Andeutungen auf Sexuelles noch mit sadistischen Zwischenfaellen noch mit alkoholischen Ausschweifungen in Anfechtung bringen. An solche Mass-Staebe haben sich die Lebensverhältnisse in deutschsprachigen Gegenden nach dem Krieg nicht einmal in der Schweiz gehalten, selbst auf die Reinheit des Werks von Ingeborg Bachmann verliess ich mich vergebens, und das Projekt kann darauf hinauslaufen, dass der hier beruehmteste Guenter Grass gerade noch eben mit einem Kindergedicht vertreten ist.« (Uwe Johnson in einem Brief vom 1. Juli 1966 aus New York City an Manfred Bierwisch; zit. n. Katze, S. 185 f.)

für die Schüler und stellte eine Vokabelliste zusammen. *Das neue Fenster. Selections from Contemporary German Literature* erschien im Herbst 1967 und enthielt Essays, Erzählungen, Gedichte sowie ein Hörspiel von 21 deutschsprachigen Autoren. Die Zusammenstellung hatte Arbeit gemacht, aber mit ihr als einziger Aufgabe bei »Arbeitszeiten von neun bis siebzehn Uhr an fünf Tagen der Woche« (BU, S. 397) konnte der Lektor während des Dienstes auch manch anderes erledigen: die Lektüre von Martin Walsers neuem Roman *Das Einhorn* etwa (den er auf einer mehrseitigen Mängelliste kritisierte), den Beitrag zu einer Festschrift für Hans Mayer, auch private Korrespondenz.

Das neue Fenster

Johnsons Angestelltendasein ließ Zeit und Muße für das New Yorker Familienleben, die Nachbarn, die Umgebung. Katharina besuchte einen privaten Kindergarten, Elisabeth setzte ihr in Leipzig begonnenes Studium der Indologie fort; samstags fuhren die drei auf Wunsch von Katharina meistens mit der South Ferry von der Südspitze Manhattans nach Staten Island und zurück. Auf Besucher aus Deutschland wirkte Uwe Johnson »glücklicher, gelöster als zu irgendeiner Zeit, an irgendeinem Ort« (Michael Hamburger, zit. n. Johnson-Jahre, S. 426).

Zu seinen wichtigsten New Yorker Kontakten zählten zweifelsohne zwei 60-jährige Damen. Helen Wolff hatte den Aufent-

halt in New York mit der Lektoratsstelle
überhaupt erst ermöglicht und Johnsons Bücher in ihren Verlag geholt; an
der Übersetzung von *Das dritte Buch
über Achim* feilte sie 1966 mit dem Autor sogar persönlich. Aber sie hatte sich
auch vorgenommen, Johnson »neue Ge-
sichtskreise zu erschliessen« (zit. n. Johnson-Jahre, S. 538), sie zeigte ihm ame-
rikanisches Leben, etwa indem sie ihn
mit zum Baseball nahm oder die Fahrt
mit einer Polizeistreife arrangierte, und
führte ihn in ihren Bekanntenkreis ein.
Zu dem gehörte die politische Philoso-
phin Hannah Arendt, die ebenfalls am
Riverside Drive wohnte und den neuen
Nachbarn mit großer Selbstverständ-
lichkeit in ihre geselligen Runden aufnahm. Bei Arendt traf Johnson ameri-

Blick aus John-
sons Büro bei
Harcourt, Brace
& World, 1966

kanische Intellektuelle wie Susan Sontag oder den Lyriker
W. H. Auden, mit ihr führte er Gespräche über philosophische,
politische, vor allem jüdische Themen, für die er sich besonders interessierte: Arendt war als deutsche Jüdin 1933 von den-
selben Nationalsozialisten ins Exil getrieben worden, die das
Kind Uwe Johnson – einen »Angehörige[n] der Kindgeneration nach der schuldigen« (GBP, S. 223) – ein paar Jahre später
für ihr Eliteinternat rekrutierten.

Uwe Johnson fühlte sich wohl in New York, und sein Abstand
zu Deutschland wuchs. Dort kochte während der Regierungs-
krise von Bundeskanzler Ludwig Erhard (CDU) gerade die Diskussion um die geplanten Notstandsgesetze hoch. Im November 1966 trat Hans Magnus Enzensberger auf dem Kongress
»Notstand der Demokratie« auf und erntete dafür einen bitterbösen Brief von Johnson, dem der Aufsatz *Über eine Haltung
des Protestierens* für das *Kursbuch* beilag. An diesem kurzen Text
hatte Johnson mehrere Wochen gearbeitet – zunächst auf Eng-

> »Der Schriftsteller Enzensberger gibt eine bestimmte Anweisung: ›Dem Notstand ... ist ... zu begegnen: mit Widerstand, mit Streik und mit Sabotage.‹ Das ist Hochstapelei. Du kennst die Arbeiter nicht, die du da zum Generalstreik aufrufst, sie kennen dich nicht, und sie waren nicht einmal zugegen.« (Uwe Johnson in einem Brief vom 10. November 1966 aus New York City an Hans Magnus Enzensberger; EJB, S. 153)

lisch, also auch mit sprachlicher Distanz zu den deutschen Intellektuellen, deren Engagement er hier als Pose kritisierte, als doppelmoralisch und ohne Kenntnis der Verhältnisse, die sie anprangern. Mit der bündigen Formel »Die guten Leute sollen das Maul halten« (BS, S. 96) wies er sie in die Schranken.

Das war starker Tobak, doch Enzensberger druckte den Text. Der endgültige Bruch dieser Freundschaft folgte kurz darauf: Johnson hatte sein Atelier in der Niedstraße Enzensbergers Bruder Ulrich zur Untermiete überlassen – und sich mit ihm die Kommune 1 ins Haus geholt. Auch die Familienwohnung in der Stierstraße geriet in Mitleidenschaft, als Dagrun Enzensberger nach ihrer Trennung von Hans Magnus dort einzog und ebenfalls zur Kommunardin wurde. Vom Niedstraßen-Atelier aus plante die Kommune 1 eine ihrer ersten Provokationen: Das Berliner »Pudding-Attentat« auf den US-Vizepräsidenten Hubert H. Humphrey wurde im April 1967 zwar von der Polizei verhindert, das Presseecho indessen hallte bis nach New York. Johnson, namentlich mit den Vorgängen in Verbindung gebracht, appellierte an Hans Magnus Enzensberger einzugreifen, der nach einigen vergeblichen Vermittlungsversuchen jedoch erklärte, er könne nicht »haftbar« gemacht werden für das Verhalten Dritter (EJB, S. 186). Johnson fühlte sich dennoch verraten (auch weil Enzensberger ihm seine Trennung von Dagrun verschwiegen hatte), und am En-

Kommune 1

Hannah Arendt, Mitte der 1960er Jahre

de sorgte Günter Grass für die Räumung der Berliner Domizile.

Die Freundschaft zu Enzensberger war endgültig zerbrochen, in der Stierstraße blieb ein Wasserschaden zurück, aber das Unglück in der Niedstraße wurde noch größer: Johnson bot das Atelier Elisabeths Schwester Jutta Schmidt an, die dort im November 1967 während eines nächtlichen Brandes starb; als Brandursache wurde Rauchen im Bett festgestellt.

Derweil waren die Tage in New York gezählt, obwohl Helen Wolff und Hannah Arendt einen Weg gefunden hatten, Johnsons Aufenthalt über das vereinbarte Jahr hinaus zu verlängern: Im Frühjahr 1967 gewährte die Rockefeller Foundation auf Arendts Empfehlung ein Stipendium, Wolff sorgte zusammen mit dem Chef von Harcourt, Brace & World dafür, dass Johnson sein Verlagsbüro behalten konnte, um zu schreiben.

»Es ist ein Jahr ohne Angestelltenverhaeltnis, und es muss uns daran gelegen haben. Denn zum ersten Mal habe ich einen Vorschuss angenommen fuer ein Buch, das es noch gar nicht gibt. Mein amerikanischer Verleger war so beeindruckt von meinen unverfrorenen Zumutungen, dass er mir gleich noch ein Büro in seinem Haus dazugab, mit Telefon und Klimamaschine und keinen Erwartungen. Dort erscheine ich wie frueher morgens um neun und lese die Zeitung.« (Uwe Johnson in einem Brief vom 24. August 1967 aus New York City an Alice Hensan)

Denn tatsächlich hatte sich nach dem ersten New Yorker Jahr die Idee für einen neuen Roman konkretisiert: Uwe Johnson begann mit der Arbeit an *Jahrestage. Aus dem Leben von Gesine Cresspahl*. Diese Gesine aus den *Mutmassungen über Jakob* hatte er auch während der Berliner Jahre in einigen kleineren Prosastücken ›verfolgt‹, nun hatte er sie ›wiedergetroffen‹ – eine Mecklenburgerin in New York.

Gesine Cresspahl

Aus dieser Konstellation entwickelte er das Grundgerüst eines ab August 1967 Tag für Tag zu erzählenden Jahres. Er recherchierte, bat die Freunde in der DDR um schriftliche Auskünfte, sammelte New Yorker Details und legte eine systematische Zeitungsausschnittsammlung an. Einen erkennbaren Schwerpunkt setzte er dabei auf den Konflikt, der sich in Prag zusam-

> »Am Dienstag der folgenden Woche sah ich Mrs. Cresspahl auf
> der Südseite der 42. Strasse auf die Sechste Avenue zugehen.
> Sie war zu erkennen an der Kopfhaltung, an der lockeren, acht-
> und wachsamen Art, in der sie den rechten Arm pendeln liess,
> in der Hand eine kompakte schwarze Börse (im Notfall zum Zu-
> rückschlagen geeignet), verriegelt im Griff der Finger, von denen
> die ersten zwei die Bügel einer Sonnenbrille wippen liessen.«
> (Uwe Johnson: *Begleitumstände*, 1980; BU, S. 406)

menbraute, wo Alexander Dubček mit seinen Reformen für
einen »Sozialismus mit menschlichem Antlitz« ernst machte –
und damit die Genossen in Moskau reizte, aber zweifelsohne
den Kern von Johnsons politischer Überzeugung traf. Am
29. Januar 1968 begann Johnson mit der Niederschrift der *Jahrestage* und stellte bis zum Sommer die ersten 17 Tageskapitel fertig. Am 23. August musste er mit seiner Familie nach Deutschland zurückkehren.

Dort regierte seit Ende 1966 die Große Koalition mit einer
Bundestagsmehrheit von knapp 90 Prozent. Die Kritik an diesen Kräfteverhältnissen verschaffte der Außerparlamentarischen
Opposition (APO) Zulauf, die sich vor allem gegen die Macht
der Springer-Presse, die Notstandsgesetze und den Vietnam-
krieg engagierte. Im April 1968 eskalierten die Proteste, Andreas   »1968« in
Baader und Gudrun Ensslin steckten zwei Frankfurter Kauf-   Deutschland
häuser in Brand, Rudi Dutschke vom Sozialistischen Studenten-
bund SDS wurde niedergeschossen und schwer verletzt; es folgten Demonstrationen und Straßenschlachten mit der Polizei.

> »Es wird jedenfalls nicht ganz lustig für Sie, wenn Sie zurück-
> kommen nach Berlin, denn ganz unbeeindruckt, uninfiziert, un-
> angesteckt bleibt man beim besten Willen nicht von der Berli-
> ner Situation, wenn man dort lebt.« (Fritz J. Raddatz in einem
> Brief vom 27. April 1968 aus Reinbek an Uwe Johnson; JRB,
> S. 64)

Johnson beobachtete das alles mit Unbehagen und Skepsis. Im
Juli 1968 erklärte er, die Familie käme vor allem wieder nach
Westberlin, weil Katharina dort eine zweisprachige Schule besu-
chen könne: »Ausser dem sind uns Gründe entfallen«. Im Üb-

rigen arbeite man in den letzten New Yorker Tagen »an einem Katalog der Leute und Gelegenheiten, die uns fehlen werden« (JRB, S. 76).

»Es fällt mir nichts mehr auf in Berlin«
Berlin (1968-1974)

Fast zeitgleich mit der Rückkehr der Johnsons nach Berlin waren in der Nacht vom 20. auf den 21. August 1968 die Truppen des Warschauer Paktes in Prag einmarschiert und hatten allen Hoffnungen auf einen Reformsozialismus ein gewaltsames Ende gesetzt – den internationalen ebenso wie den ganz privaten, die auch Uwe Johnson gehegt hatte. Schon einen Tag nach seiner Ankunft unterzeichnete er einen Aufruf gegen diese militärische Intervention; einen persönlichen Diskussionsbeitrag lehnte er jedoch ab. Die hitzigen Debatten erschienen ihm mit der New Yorker Distanz so einseitig wie engstirnig; die politisierte Haltung der Intellektuellen befremdete ihn nach wie vor, doch sie prägte sein Umfeld allerorten: Die Suhrkamp-Lektoren stritten mit Siegfried Unseld um eine »Sozialisierung« der Verlagsstrukturen (JUB, S. 522) und vergaßen darüber zu Johnsons Ärger fast die Literatur. Günter Grass unterstützte zum zweiten Mal den Wahlkampf von Willy Brandt, der im September 1969 Bundeskanzler wurde und die CDU/CSU nach 20 Jahren Regierungsverantwortung in die Opposition verwies. Johnson fand, dass Grass seine politische Rolle als Schriftsteller überschätze, Grass dagegen störte sich an Johnsons Moralpredigten; die Freundschaft kühlte deutlich ab.

Günter Grass

> »Sosehr ich mich an Uwes anspruchsvolles Moralisieren gewöhnt hatte und sosehr ich während der Jahre bemüht gewesen bin, selbst seiner verbissensten Beckmesserei ein Körnchen Komik abzugewinnen, seinen letzten, nun sehr persönlich werdenden Aufrechnungskunststückchen bin ich nicht mehr (oder zur Zeit nicht mehr) gewachsen.« (Günter Grass in einem Brief vom 17. Juli 1969 aus Berlin an Helen Wolff; zit. n. Johnson-Jahre, S. 231)

Nach der Zeit im weltläufigen New York erschien den Johnsons Westberlin provinziell, und auch das Leben mit der Mauer war nicht einfacher geworden: Katharina wünschte sich Ausflüge ins Umland und nach Ostberlin, es war ihr »nicht zu erklären wieso die hiesigen Entsprechungen von New Jersey, Connecticut, Long Island für sie gesperrt sind« (an Manfred Bierwisch, 12.2.1969). Briefe an Manfred Bierwisch nach Berlin-Lichtenberg waren aus Berlin-Friedenau ebenso lange unterwegs wie aus New York, obendrein unterlagen sie dem Bewusstsein einer möglichen Überwachung durch die Staatssicherheit.

> »[Ich] halte [...] für unbekömmlich dass wir unsere Verständigung für diese Dritten einrichten statt auf uns. Ich bin sicher dass unsere gegenseitigen Mitteilungen der Intelligenz und dem Interesse von Nachrichtendiensten oder Fahndungsanstalten entzogen sind [...]. Schliesslich, wir können uns darauf verlassen dass in einem Notfall aus einem Geburtstagstelegramm ein Beweis für Hochverrat entstehen kann. Wir haben uns aber doch grundsätzlich darauf eingelassen, Missverständnissen nicht durch das Abbrechen der Verständigung vorzubeugen. FREUNDSCHAFT! FREUNDSCHAFT! FREUNDSCHAFT!« (Uwe Johnson in einem Brief vom 14. Dezember 1968 aus Berlin an Manfred Bierwisch; zit. n. Katze, S. 210)

Und nach wie vor durfte Johnson nicht in die DDR einreisen. Das hatte auch für die Arbeit an *Jahrestage* Konsequenzen, denn er konnte für den mecklenburgischen Teil seines Romans nicht vor Ort recherchieren und bat stattdessen Freunde um Informationen.

Dazu kam eine unbefriedigende räumliche Situation: Beim Brand in der Niedstraße waren Teile der Arbeitsbibliothek, Akten, Briefe, Möbel und Maschinen verbrannt, in der Familienwohnung hatte der Wasserschaden Spuren hinterlassen. Bei Weitem nicht alles war mit Geld zu ersetzen, und die Suche nach einem Ersatz für das verlorene Atelier zog sich hin. Erst im November 1969 mietete Johnson in der Nähe der Wohnung zwei Büroräume, deren Renovierung noch einmal ein halbes Jahr dauerte. Knapp zwei Jahre vergingen also seit der Rückkehr aus New York, bis ein Platz zum Schreiben jenseits der Privatsphäre überhaupt wieder zur Verfügung stand.

Ein neues Büro

Unabhängig davon hatte Johnson die Schwierigkeiten unterschätzt, den in New York entwickelten Stoff in Berlin weiterzuschreiben. Hatte er noch in New York eine Veröffentlichung der *Jahrestage* für Frühjahr 1970 avisiert und drei Wochen nach seiner Rückkehr eine Fertigstellung des auf 700 Seiten veranschlagten Buches für Juni 1969 in Aussicht gestellt, so waren bis März 1970 von den geplanten 367 Tageskapiteln nur 73 geschrieben. Dennoch wurde nun ein Verlagsvertrag geschlossen. Er sah zwei Bände vor, die im Herbst 1970 und im Frühjahr 1971 erscheinen sollten. Tatsächlich wurde im Juni 1970 der erste Band gesetzt – allerdings erst, nachdem Johnson Unseld telegrafisch gebeten hatte, »DRINGEND NUN DOCH DREITEILUNG DES BUCHES ZU ERMOEGLICHEN« (JUB, S. 604).

Jahrestage-Vertrag

Jahrestage 1, Schutzumschlag der Erstausgabe, 1970

Über das äußere Erscheinungsbild wurde heftig gerungen. Am Entwurf für den Schutzumschlag kritisierte Johnson beinahe alles: die Frakturschrift (sie brächte an »Gesinnung ins Spiel, was wir und das Buch nicht meinen«), die simulierten Zeitungskolumnen (sie seien »nicht genau genug« mit Blick auf die »Integration der ›New York Times‹«) und die Verwendung seines Porträts (»der Zustand meines Antlitzes kommt mir nicht vor wie eine Information über das Buch«) (JUB, S. 597). Es kam zu erbitterten Briefen zwischen Autor und Verleger, in denen sich die Missverständnisse und Verletzungen häuften.

Im Juli korrigierte Johnson den Umbruch, und zwar während der Ferien, die er mit Elisabeth und Katharina in Rom verbrachte. Ingeborg Bachmann hatte der Familie ihre römische Wohnung für einen Monat überlassen, mitsamt ihren Pflanzen zur Pflege und ihren Krimis zur Lektüre. Dem entspannten Sommer folgte ein arbeitsamer Herbst: Obgleich die Drucklegung von *Jahrestage 1* von »Dauerverhee-

»Nunmehr beweise ich im Einzelnen, dass wir auf Ihrer Terrasse leben. Einmal, solche Kriminalromane, wie Sie sie mit Tücke in der Küche als Köder ausgelegt haben, lesen sich am besten in halb liegender Haltung in recht hellem Licht in der Hitze. Zu einem anderen, Katharina giesst gern Ihre Töpfe.« (Uwe Johnson in einem Brief vom 22. Juli 1970 aus Rom an Ingeborg Bachmann; JIB, S. 56)

rungen« (JUB, S. 631) zwischen Autor und Verleger begleitet blieb, lag zur Buchmesse die Startauflage vor. Der erste Band enthielt 122 der geplanten 367 Tageskapitel, somit stand jetzt das rechnerische Drittel eines Romans öffentlich zur Diskussion, den allein der Autor bis zum geplanten Ende überschauen konnte. Ein Teil dieser Diskussion wurde auf den zeitaufwendigen und ungeliebten Lesereisen geführt, die von nun an wieder mehrmals im Jahr auf dem Plan standen. Wo immer es mit dem Terminkalender kompatibel blieb, verband Johnson diese »Gesangstournee« (JUB, S. 646) mit privaten Verabredungen und integrierte etwa Besuche bei Günter Eich und Ilse Aichinger in Österreich, bei Max Frisch in der Schweiz oder bei Martin Walser am Bodensee in seine Reiserouten. Sein Vorhaben, die Lesetournee 1970 auch für ein »Lektorat auf Reisen« (JUB, S. 645) zu nutzen, nämlich für den Roman *Malina* von Ingeborg Bachmann, scheiterte indessen. Zwar hatte Bachmann sich ausdrücklich Uwe Johnson als Erstleser gewünscht, doch ihr Manuskript wurde nicht rechtzeitig fertig; es erreichte Johnson zu spät, und er konnte sich an den intensiven Arbeitsgesprächen im Verlag letztlich nur telefonisch beteiligen.

Das *Tagebuch 1966-1971* von Max Frisch lektorierte er im Januar 1971 dagegen gründlich: Johnson hatte dem 23 Jahre älteren Frisch die Lektüre angeboten, der ihn gebeten hatte, streng zu sein und »hemmungslos in das Exemplar hinein« zu notieren (FJB, S. 16). Johnson ging zwar mit der gebotenen Strenge zu Werke, doch er notierte seine Anmerkungen lieber auf gesonderten Seiten und bot zusätzlich seinen Besuch an. Er konnte Frischs »Empfindlichkeit« nicht einschätzen und die eigene, »fast reflexhafte Achtung vor Älteren« nicht ablegen (FJB, S. 17). Seine Unsicherheit erwies sich jedoch als überflüssig: »Sie sind

Lesereisen

Max Frisch: Tagebuch

der beste Lektor, den ich bisher gehabt habe« (FJB, S. 20),
schrieb Frisch, nachdem Johnson sein Gast in Zürich gewesen
war, und bat um weitere Zusammenarbeit bis zur Fertigstellung des Manuskripts. Als ›Honorar‹ schenkte er Johnson ein
Flugticket nach New York, vor allem aber gewann das Verhältnis der beiden eine neue, freundschaftliche Qualität.

Margret Boveri
An einem ›Lektorat‹ anderer Art arbeitete Johnson mit Margret Boveri, die er im Dezember 1968 erstmals besuchte. Die
69-jährige Journalistin hatte im nationalsozialistischen Deutschland für verschiedene Zeitungen geschrieben, und Johnson wollte mit ihr über das Land sprechen, in das er seine Romanfigur
Heinrich Cresspahl gerade zurückkehren ließ. Es entwickelte
sich eine Freundschaft, in die auch seine Ehefrau eingebun-
den war und in der Gespräche über Boveris Lebensgeschichte
im Zentrum standen. Ab Herbst 1970 wurden sie auf Tonband aufgezeichnet: Boveri wollte ihre Autobiographie schreiben und wünschte sich Uwe Johnson als Partner und Lektor
(der seinerseits nach Details für *Jahrestage* fragte). Ihren heikels-
ten Punkt erreichte die Kooperation, als die Frage nach dem
»Gehen oder Bleiben« unter Hitler gestellt werden musste:
Johnson fragte unerbittlich, warum Boveri nicht emigriert war,
obwohl sie alle Möglichkeiten gehabt hätte, akzeptierte keinen ihrer Gründe und nannte ihr Verhalten »amoralisch« (BV,
S. 294). Boveri litt unter dieser Anklage, war aber bereit, ihr
Selbstverständnis zu prüfen, während Johnson auf seinem kom-
promisslosen Standpunkt beharrte. Mitte 1972 kam die Arbeit
aus Termingründen ins Stocken, und letztlich konnten Uwe
Vgl. S. 62 und Elisabeth Johnson sie erst nach Boveris Tod herausgeben.

Im Oktober 1971 sollte *Jahrestage 2* erscheinen, und dieses Mal
überstanden Johnson und Unseld den ›Countdown‹ ohne Zerwürfnisse. Johnson arbeitete diszipliniert und ging jeden Mor-
gen in sein Büro, wo er »ummauert von Büchern« einen »Acht-
stundentag« hielt (Wolfgang Koeppen, zit. n. Johnson-Jahre,
S. 391), seine Frau las die neuen Texte, tippte sie ins Reine und
prüfte Details.

Büchner-Preis
Mitten im Endspurt erreichte Johnson die Nachricht, dass er
den Georg-Büchner-Preis 1971 erhalten werde. Dieser bedeu-
tendste Literaturpreis der Bundesrepublik ist ein Meilenstein

in jeder Schriftstellerkarriere – auch in derjenigen Uwe Johnsons. Aber er fordert seinen Tribut: die Dankesrede.

> »Nun ist es doch passiert. Auch mir ist der härteste Essay der
> Welt aufgebrummt worden. Nicht dass mir das Honorar zuwi-
> der wäre.« (Uwe Johnson in einem Brief vom 11. Juni 1971 aus
> Berlin an Ingeborg Bachmann)

Für September und Oktober 1971 hatte Johnson eine sechs-
wöchige Reise nach New York geplant, die nun plötzlich *auch*
im Zeichen der zu schreibenden Rede stand, vor allem aber als
Recherche für den Abschluss der *Jahrestage* gedacht war. Denn
trotz seiner umfangreichen Materialsammlung und trotz seines Zeitungsarchivs für das ›*Jahrestage*-Jahr‹ 1967 / 68 begann er
»ernsthaft zu zweifeln […], ob ich New York je hätte verlassen
sollen, bevor das Buch fertig ist« (JUB, S. 685). Privat bedeutete
die Reise das Wiedersehen mit der Stadt, die er inzwischen drei
Jahre lang vermisste, und mit Hannah Arendt, bei der er wohnte. Als er in New York ankam, hatte Arendt ihm seinen großen
Wunsch, die Büchner-Preis-Laudatio auf ihn zu halten, bereits
abgeschlagen, unter anderem aufgrund terminlicher Zwänge.
Im Austausch mit Arendt feilte Johnson an seiner Preisrede,
die er am 23. Oktober 1971 in der Darmstädter Akademie hielt

Bei der Verlei-
hung des Georg-
Büchner-Preises,
23. Oktober 1971

und als eine »Kostenabrechnung« konzipierte:
Weil »er es eher hält mit Menschen, die im
Gelde noch ihre verwandelte, nämlich verkauf-
te Arbeitszeit erkennen« (GBP, S. 217 f.), legte er
Rechenschaft darüber ab, welche Art von Arbeit
er für die 10.000 DM Preisgeld verrichtet hatte: Auf Dollar und Cent wies er die bei seinen
Recherchen in New York angefallenen Kosten
für Fahrgelder, Restaurantbesuche, Buchein-
käufe, Gastgeschenke nach. Diese materialisti-
sche Darlegung der eigenen Arbeitsbedingungen
war eine Provokation, denn sie war – vorder-
gründig – gerade *nicht* die erwartete »kulturell
wertvolle Rede« in Auseinandersetzung mit
Georg Büchner und der »Literatur als Rebellion«
(so der Laudator Reinhard Baumgart, zit. n.

Befreundungen, S. 174). Das hinzunehmen war keine Kleinigkeit für die »Honoratiorenversammlung« in Darmstadt, die der Kritiker Reinhard Baumgart als »sehr steif, mit dunklen Anzügen und so weiter« erinnert (zit. n. Befreundungen, S. 173).

> »Wenn der Verfasser an vergangenen oder künftigen Ansätzen taktischer Politik keinen Teil nahm oder wenig Teil nehmen wird, so geschieht es weder aus Mißbilligung noch aus Furcht, sondern weil er im gegenwärtigen Zeitpunkt jede revolutionäre Bewegung als eine vergebliche Unternehmung betrachtet und nicht die Verblendung derer teilt, welche in den Deutschen ein zum Kampf für sein Recht bereites Volk sehen. Der Verfasser betrachtet als seine Arbeit, vorläufig, das Schreiben. Meine Damen. Meine Herren. Sie können abfahren, die Wagen halten vor der Tür.« (Uwe Johnson: *Büchner-Preis-Rede*, 23. Oktober 1971; GBP, S. 239)

Der schwierige Abend endete im persönlichen Eklat: Die befreundeten Ehepaare Johnson und Baumgart saßen nachts »[g]ereizt, deprimiert und müde« in der Hotelhalle und sahen im Fernsehen die Verhaftung von Margrit Schiller. Angesichts dieses medienwirksam ausgestellten Erfolges bei der Fahndung nach RAF-Mitgliedern fingen sie an zu diskutieren, und am Ende hatte Johnson Baumgart zu einem SS-Mann mit Sympathie für »Gestapomethoden« erklärt (Baumgart 2003, S. 292). Das waren harte Worte, und die Freunde haben sich danach fast ein Jahrzehnt kaum mehr gesehen.

Hatte der Büchner-Preis Johnsons Rolle im Literaturbetrieb eine neue repräsentative Dimension gegeben, so tat das Amt, in das er sich im Mai 1972 wählen ließ, ein Übriges: Er wurde **Vizepräsident der Berliner Akademie der Künste**, deren ordentliches Mitglied er seit Mai 1969 war. Diese Aufgabe brachte Pflichten mit sich, die ihm wenig lagen.

Vom organisatorischen Tagesgeschäft konnte er sich jedoch weitgehend fernhalten, und nur eine größere Veranstaltung geht auf seine Initiative zurück: Zusammen mit Hans Mayer, seinem einstigen Leipziger Lehrer, regte er ein Samuel-Beckett-Colloquium an, das im Herbst 1973 stattfand.

> »(Erwähne dagegen bloss nicht den Betriebsausflug der Aka-
> demie! Es war die erste Möglichkeit für den Vizepräsidenten,
> das verwaltende Personal wenigstens ungefähr kennen zu ler-
> nen, und so gern ich sie abgekürzt hätte, es ging alles auf ei-
> nem Dampfer vor sich, und wäre ich ins Wasser gesprungen,
> so hätten sie gewendet und mich aufgefischt.)« (Uwe Johnson
> in einem Brief vom 7. Juni 1972 aus Berlin an Siegfried Unseld;
> JUB, S. 746)

Eine der ersten Aufgaben des frisch gewählten Vizepräsidenten war im Frühjahr 1972 die Formulierung einer Erklärung
an den Bundestagspräsidenten, die sich für die Ratifizierung
der Ostverträge aussprach. Willy Brandt hatte nach seiner Wahl **Willy Brandts**
zum Bundeskanzler im Herbst 1969 Verhandlungen mit den **Ostpolitik**
Ostblockstaaten aufgenommen und 1970 Verträge mit der
Sowjetunion und Polen geschlossen, in denen die im Zweiten
Weltkrieg geschaffenen europäischen Grenzen anerkannt wurden. Nun ging es um einen Grundlagenvertrag mit der DDR
sowie um das Viermächteabkommen, das den Status West-
berlins stabilisieren und Erleichterungen im Reiseverkehr mit
sich bringen sollte.

Von diesen Entwicklungen profitierte Johnson unmittelbar.
Seit Anfang 1966 war ihm die Einreise in die DDR verweigert
worden – und er hatte nicht wenige Versuche unternommen, die
er in Briefen an die Freunde immer wieder vorausplante, »[f]ür
wenn sie mich lassen sollten« (an Alice Hensan, 18.12.1971). Im
April 1972 durfte er erstmals wieder nach Mecklenburg und
hoffte nun auf weitere Reisegenehmigungen (die er nach der
Ratifizierung der Ostverträge im Mai 1972 auch erhielt). In der
Akademie-Erklärung trafen sich insofern die repräsentative
Rolle des Vizepräsidenten und die politische Überzeugung des
Autors mit dem persönlichen Bedürfnis des Privatmannes.
Nicht zuletzt an dieser seltenen Koinzidenz wird es gelegen
haben, dass Johnson sich im Kontext von Brandts Ostpolitik
ausnahmsweise einmal explizit parteipolitisch engagierte: Er
unterstützte den SPD-Wahlkampf mit einem Tonbandappell.
Die SPD gewann die Bundestagswahl am 19. November 1972
mit 45,8 Prozent – dem besten Ergebnis ihrer Geschichte.

> »Wenn ich der S.P.D. [...] eine Mehrheit wünsche, habe ich vor-
> dringlich *einen* Grund. Der Grund sieht privat aus; er liegt in
> der Stadt, in der ich wohne: Westberlin.
> Seit ich hier wohne, war Westberlin ein riskanter Ort. [...]. Das
> ist vorbei. Die Regierung Brandt hat mit der Umgebung West-
> berlins eine Sicherheit verabredet. Früher waren wir getrennt
> von unseren Freunden in der D.D.R. Jetzt dürfen wir sie besu-
> chen. [...]. Die Landkarte sieht nun friedlicher aus.
> Das ist nicht nur eine private Landkarte, sondern die europä-
> ische. Das Verfahren der Regierung Brandt hat nicht nur die
> D.D.R. zu einem gutwilligen Nachbarn gemacht, sondern auch
> die Sowjetunion und Polen. Der Vorbereitung eines Krieges zie-
> he ich die Vorbereitung des Friedens vor. Aus diesem Grund
> wünsche ich mir auch für die Zukunft eine Regierung BRANDT.«
> (Uwe Johnson: Meinung für ein Tonband der Sozialdemokrati-
> schen Wählerinitiative am 7. November 1972; lüG, S. 137 f.)

Von seinem neuen Besuchsrecht machte Johnson ausgiebig Ge-
DDR-Reisen brauch. Er reiste in die DDR, sooft er konnte, und besuchte
Freunde. Im August 1973 recherchierte er in Mecklenburg für
Jahrestage. Außerdem pflegte er Kontakte zu Kollegen jenseits
der Mauer, etwa zu Fritz Rudolf Fries, Christa Wolf und Günter Kunert, und nahm 1974 an inoffiziellen Treffen ost- und
westdeutscher Autoren teil, die Günter Grass organisierte.
Dabei blieb er stets der genaue Beobachter, der die »tausend
kleinen Widrigkeiten des sozialistischen Alltags« festhielt (SGB,
S. 42) und für eine realistische Einschätzung des deutsch-
deutschen Verhältnisses plädierte.

> »Was mich angeht, so ist keine Aussicht, dass beide deutsche
> Staaten noch einmal vereinigt werden können, eben wegen
> der in einem Vierteljahrhundert gewachsenen Unterschiede in
> den Produktionsverhältnissen, der Machtverteilung, der mora-
> lischen und egoistischen Werteskala, ja auch schon in der Kul-
> tur.« (Uwe Johnson: »Wiedervereinigung«, Antwort vom 17. Mai
> 1974 auf Fragen von Schülerinnen aus Vigneux; lüG, S. 155)

Reiseerlaubnis hin, Ostpolitik her: als Autor war Johnson in der
DDR nach wie vor unerwünscht. Im August 1972 sorgte ein

inzwischen acht Jahre alter Text von ihm für einen handfesten Eklat. Als Geschenk für die Athleten der XX. Olympischen Sommerspiele in München war eine Anthologie des Suhrkamp Verlages geplant, doch als der Band *Deutsches Mosaik. Ein Lesebuch für Zeitgenossen* auf Deutsch, Englisch und Französisch vorlag, musste er eingestampft werden. Die Sowjetunion und die DDR hatten mit dem Boykott der Spiele gedroht, weil der Band Johnsons *Boykott der Berliner Stadtbahn* enthielt. Hatte der Text 1964 in Westberlin Anstoß erregt, so kam die Ableh- Vgl. S. 35 nung dieses Mal aus dem Osten und zielte auf den nach wie vor als ›republikflüchtig‹ eingestuften Verfasser.

Ein Zerwürfnis im Privaten bahnte sich mit Martin Walser an. **Bruch mit** Schon seit Jahren ärgerte sich Johnson über das politische En- **Martin Walser** gagement des Freundes, genauer: über dessen Verständnis von Sozialismus, das er für theoretisch unfundiert und bar jeder

> »Oft habe ich [Martin Walser] gebeten, Residenz zu nehmen auf wenigstens ein Jahr in einem Land, wo der Sozialismus an den Leuten probiert wird; unberaten schlägt er mit seinen Formeln noch denjenigen ins Gesicht, die dort gehalten sind zu leben.« (Uwe Johnson in einem Brief vom 22. Juli 1972 aus Berlin an Siegfried Unseld; JUB, S. 750 f.)

Erfahrung hielt. 1972 bekam er Walsers Manuskript *Der Grund zur Freude* zu Gesicht, das offen mit der DKP sympathisierte; er schrieb einen bitterbösen ›Gegen-Text‹, der eigentlich vertraulich an Siegfried Unseld gerichtet war. Als er Walser dennoch in die Hände fiel, war dieser tief verletzt; der Bruch war nicht mehr zu kitten. »Was man so links nennt, das hatte sich den Sozialismus wegmachen lassen« (BS, S. 61), hatte Johnson bereits 1970 mit Blick auf die politischen Verhältnisse im Westen beklagt. Nun hatte diese Differenz eine seiner ersten und engsten Freundschaften der westdeutschen Zeit erreicht und Vgl. S. 66, 133 f. unwiderruflich zerrüttet.

Die intensivste Zeit der Freundschaft zu Max und Marianne Frisch stand da erst noch bevor. Johnson unterstützte die beiden beim Kauf einer Wohnung in Berlin-Friedenau. Im Februar 1973 war die Wohnung in der Sarrazinstraße bezugsfertig, und Johnson freute sich auf die neuen Nachbarn. Friedenau

Friedenau war noch immer eine »Schriftstellerkolonie ohne Regeln und feste Verabredungen« (Ursula Krechel, zit. n. Johnson-Jahre, S. 1015); neben Grass und Enzensberger lebten hier unter anderem Nicolas Born, Klaus Roehler und Hans Christoph Buch. Man traf sich auf dem Wochenmarkt, im Buchhändlerkeller oder in Wolffs Bücherei und danach auf ein Glas im Friedenauer Bundeseck. Die Johnsons luden auch nach Hause ein; Elisabeth bekochte etwa Günter Eich und Jürgen Becker, Hans Werner Richter, Hans Mayer oder *Spiegel*-Herausgeber Rudolf Augstein.

> »[...] wir halten eine Woche fast für still, wenn nur an einem Abend ein Besucher unterhalten wurde. Das genügt den Leuten in unserer Strasse schon, um der Polizei bei irgend einer Fahndung zu raten, doch mal uns auf den Zahn zu fühlen, ›da gehen die Leute aus und ein wie in einem Taubenschlag, Ausländer, Leute mit Bärten ...‹.« (Uwe Johnson in einem Brief vom 27. April 1971 aus Berlin an Martin Walser)

Nun kamen also Max und Marianne Frisch hinzu, mit denen die Johnsons viel unternahmen. Marianne Frisch und Uwe Johnson verband darüber hinaus eine eigene Freundschaft, und als Marianne 1974 in Abwesenheit von Max »eine Art Zusammenbruch« erlitt (zit. n. Befreundungen, S. 333), kümmerte Uwe Johnson sich rührend um sie. Sein Verhältnis zu Max Frisch

Mit Max und Marianne Frisch beim Ausflug an den Müggelsee, Ostberlin, 1974

blieb dagegen trotz des zunehmend freundschaftlichen Umgangs eines unter Schriftstellern: stark beruflich geprägt, überdies eine Siez-Freundschaft bis zum Schluss.

Eine Freundschaft, in der herzliche Nähe möglich war und die dennoch ohne die für Johnson typischen Zerwürfnisse auskam, war die zu Günter Eich. Literarische Fragen waren hier

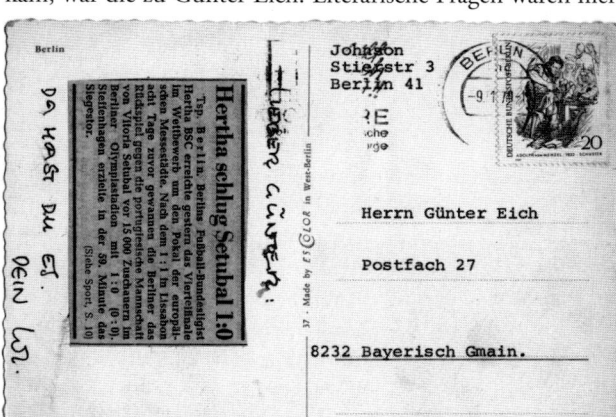

»Da hast du es«: Uwe Johnson schickt Günter Eich die Fußballergebnisse, 1970

ebenso aufgehoben wie die neuesten Fußballergebnisse, und als Eich 1972 mit 65 Jahren starb, war das ein schwerer Verlust für Uwe Johnson.

In die Trauer um den Freund mischte sich die Not mit den *Jahrestagen*. Der April 1972 als selbst gesetzter Termin für das letzte Drittel des Romans war lange verstrichen, das Buch vom Verlag bereits zum zweiten Mal angekündigt, eine Fertigstellung aber nach wie vor nicht in Sicht. Unseld, der Johnson 1972 beinahe ununterbrochen ermuntert und ermahnt hatte, verschonte den säumigen Autor einstweilen mit weiterem Druck.

Erst als Johnson ankündigte, das gesamte *Jahrestage*-Manuskript bis September 1973 abzuschließen, begann der Verleger wieder, die Werbetrommel zu rühren. Aber der Autor wurde nicht fertig. Am 20. August literarisierte er seine Absage: Er ließ

> »Du mußt durch! In Deinem Interesse, in dem Interesse des Bu-
> ches und seiner Leser.« (Siegfried Unseld in einem Brief vom 21.
> April 1972 aus Frankfurt am Main an Uwe Johnson; JUB, S. 738)

> »[...] ich melde dir in regelmässigen Abständen, um wieviel
> Tage ich hinter dem angenommenen Termin her bin, und du
> meldest mir, bitte, nicht Kummer, nicht Sorge, nicht Vorwurf.
> Diese drei Sachen besorge ich mir jeden Morgen und Abend
> allein.« (Uwe Johnson in einem Brief vom 12. Mai 1972 aus Ber-
> lin an Siegfried Unseld; JUB, S. 740)

seine Romanfigur Gesine Cresspahl ihrem Genossen Schriftsteller erklären, warum der versprochene Termin nicht zu halten war.
So erleichterte er seinem Verleger eine öffentliche Erklärung der
erneuten Verzögerung: Unseld druckte in seiner Werbebroschü-
re kurzerhand Johnsons *Brief an den Verleger*. Was dann im Herbst
1973 schließlich als *Jahrestage 3* erschien, war nur ein Teil vom
letzten Teil: Der dritte Band endet zwei Monate vor Ablauf des
zu erzählenden Jahres, die ausstehenden 62 Kapitel wurden für
das Frühjahr 1974 in einem vierten Band angekündigt.

Ingeborg Bachmann, vgl. S. 115 f. Doch dann starb Ingeborg Bachmann. Am 17. Oktober 1973
erlag sie mit 47 Jahren den Folgen eines Brandes in ihrer römi-
schen Wohnung. Auf Wunsch der Familie wurde sie in ihrer
Geburtsstadt Klagenfurt beigesetzt. Erschüttert vom unerwar-
teten Tod der Freundin, fuhr Johnson nach Klagenfurt, um
ihren Spuren zu folgen. Die viertägige Reise beschäftigte ihn
Uwe Johnson, 1974 bis in den Mai und wurde ein eigenständiges Buch: das Ge-
denkporträt *Eine Reise nach Klagenfurt* (1974).

Die Arbeit daran hatte Johnson ein gutes halbes Jahr aus *Jahrestage 4* herausgerissen. Anfang Juni versprach er nun, das fertige Manuskript bis zum 18. Juli 1974 »plus / minus zwei Tage« abzuliefern (JUB, S. 826). »[W]er sich hier einen allerletzten Termin gesetzt hat, das bin ich«, erklärte er Hannah Arendt (AJB, S. 130), und dieses Mal gab es einen ganz handfesten Grund: Die Johnsons wollten nach England übersiedeln, und *Jahrestage* sollte nicht unfertig mitkommen.

> »Es fällt mir nichts mehr auf in Berlin. In England wird mir etwas auffallen, so viel ist gewiss; nur wird es am Ende nicht das Richtige sein. Da ist also ein Risiko.« (Uwe Johnson in einem Brief vom 30. August 1974 aus Berlin an Hannah Arendt; AJB, S. 135)

Seit der Rückkehr aus New York hatte Johnson immer wieder mit dem Gedanken gespielt, erneut ins Ausland zu gehen, allem Friedenauer Kiez-Leben zum Trotz und nicht zuletzt, weil sein Unbehagen über das politische Klima der Bundesrepublik anhielt. Die »gereizt[e] Verteufelung« (AJB, S. 82), die im Sommer 1972 nach der Verhaftung von Andreas Baader, Gudrun Ensslin und Ulrike Meinhof im Zuge der RAF-Sympathisantendiskussion hochkochte, blieb ihm ebenso fremd wie die politisierte Haltung der Intellektuellen. »Schriftsteller in der Politik« (AJB, S. 127), beklagte er sich einmal trocken bei Hannah Arendt und gestand, dass er »in Westberlin nicht wieder angewachsen« sei (AJB, S. 131). New York konnte er sich nicht leisten, nun sollte es England werden.

Im Mai 1974 gewährte Max Frisch – ungefragt – ein Darlehen von 120.000 DM: Die Johnsons wollten ein Haus kaufen. Am 19. Juli brachen sie auf, um von London aus ein geeignetes Objekt zu suchen. Am selben Tag – es war der Tag vor Uwe Johnsons 40. Geburtstag – gingen 21 Tageskapitel für *Jahrestage 4* an Siegfried Unseld

Brief vom 19. Juli 1974 aus Berlin an Siegfried Unseld

19. JULI 1974

LIEBER SIEGFRIED,

HIER HAST DU DIE KAPITEL FÜR DIE TAGE VOM

20. JUNI BIS 10. JULI 1968.

ES TUT MIR LEID, DASS MEHR NICHT FERTIG IST.

MIT HERZLICHEN GRÜSSEN,

DEIN

UJ.

auf die Post. Die restlichen 41 Kapitel fehlten. Wieder war ein Termin verstrichen. Die *Jahrestage* waren nicht fertig. Sie waren vor sechs Jahren aus New York mit nach Berlin gekommen; nun zogen sie von Berlin mit nach England.

»Dieser Charlie, ein Reisender ist das!«
Sheerness (1974-1984)

Am 4. August 1974 beschrieb Uwe Johnson Max Frisch in einem Brief ein Haus: direkt an der Uferpromenade einer 14.000-Einwohner-Stadt auf der Isle of Sheppey, an der Themsemündung zur Nordsee, zwei Eisenbahnstunden von London entfernt. Dieses Haus sollte es sein: mit Garten, »im Aufbau den brownstones New Yorks vergleichbar« (FJB, S. 86), Blick aufs Wasser aus zwei der drei Etagen, das Souterrain ein ideales Schreibbüro. Ab Anfang Oktober war die Adresse der Johnsons 26 Marine Parade, Sheerness-on-Sea, Kent, England; gegen Ende des Jahres waren die letzten Kartons (darunter 160 Bücherkartons) angekommen und ausgepackt. Für die meisten Freunde und Bekannten blieb der Umzug so überraschend wie unerklärlich.

Schon nach ein paar Monaten wurde Uwe Johnson im Pub *Napier* und der Bar des *Seaview Hotel* »Charles« bzw. »Charlie« genannt – die Engländer brachten das deutsche »Uwe« schlecht über die Lippen, und Johnson kam das gelegen: »Charlie Johnson« war kein Name eines deutschen Büchner-Preisträgers, es war ein englischer Allerweltsname, den er fast wie eine Tarnkappe tragen konnte. Denn obgleich die anderen natürlich über seinen Beruf Bescheid wussten und sich manchmal fragten, wie »einer das Leben mit so vielen Büchern aushalten« könne (IG, S. 116), blieb er in *Napier* und *Seaview* fast ein Jahrzehnt lang Stammgast unter Stammgästen:

Als »Charlie« in England ...

Johnsons Haus, 26, Marine Parade

einer, der in das Kleinstadtleben integriert war, einer, der dazu-
gehörte. Hier hatte er eine Normalität gefunden, die er augen-
scheinlich gesucht hatte und genoss.

Sie war auch ein Gegenpol zur öffentlichen Rolle in Deutsch-
land, die Johnson nach wie vor innehatte. Zwar hatte er das
Amt des Vizepräsidenten der Akademie der Künste mit dem
Umzug abgegeben, aber er blieb Akademiemitglied und nahm
regelmäßig an den Tagungen teil. Im Herbst 1974 erschien
Eine Reise nach Klagenfurt, im Frühjahr 1975 der Aufsatz-Band
Berliner Sachen, kurz vorher ging es auf *Jahrestage*-Lesereise.
Für diesen Roman erhielt er im Oktober 1975 den Wilhelm-
Raabe-Preis der Stadt Braunschweig – allerdings fehlte der
vierte Band noch immer, sodass er den Preis als »Auftrag« und
»Mahnung« empfand (IüG, S. 72).

... als Autor in Deutschland

> »Verdient habe ich [den Preis] nicht. Denn ich soll ihn bekom-
> men für die ›Jahrestage‹ einer Gesine Cresspahl, für etwas Ab-
> geschlossenes. Davon weiß ich zwar das letzte Wort, aber daß
> es auch hingeschrieben wäre, damit hapert es. Allerdings ist
> es eine Krankheit gewesen, die mich für fünf Monate umgewor-
> fen hat, heute auf den Tag genau [tatsächlich sind es vier Mo-
> nate, KL]; da dürfte ich ein Attest beibringen und wäre zur Not
> entschuldigt. Aber in der Ordnung ist es kaum [...], ich kann die
> Ordnung nur versprechen, fürs nächste Jahr.« (Uwe Johnson:
> *Rede zur Verleihung des Wilhelm-Raabe-Preises*, 18. Oktober
> 1975; IüG, S. 72)

Die Bedingungen, diesem Auftrag nachzukommen, hatten sich
jedoch erheblich erschwert: Johnson hatte am 18. Juni 1975 einen Herzinfarkt erlitten, der mehrfache Krankenhausaufent-
halte und eine längere Sanatoriumskur nach sich zog, eine anhaltende Depression mit sich brachte und das Weiterschreiben
an *Jahrestage* langfristig behinderte.

Überdies hatte der Infarkt ihn aus dem Endspurt für eine Ter-
minsache gerissen: Unseld hatte ihn gebeten, Zitate aus dem
Werk Max Frischs auszuwählen und zu einem Buch zu arran-
gieren. Johnson konzipierte eine Art ›Biographie in Stichworten‹, die zum 25-jährigen Verlagsjubiläum im Oktober 1975
erscheinen sollte. Obwohl ihm nach dem Infarkt jede Art von

Max Frisch: Stich-Worte

»professional work« ärztlich verboten war (JUB, S. 865), musste er quasi vom Krankenbett aus Manuskriptkürzungen vor-
nehmen, um den Termin zu halten. Als Unseld und Frisch
trotzdem weitere Seiten kürzten, fühlte er sich hintergangen.
Wieder einmal kam es zu erbosten Briefen und Telefonaten
zwischen Autor und Verleger, in denen Johnson seinen Namen aus dem Projekt zurückziehen wollte, während Unseld
resigniert fragte: »Wo blieb da eigentlich das, was uns seit 16
Jahren verband« (JUB, S. 875). Dennoch lag Max Frisch: *Stich-
Worte. Ausgesucht von Uwe Johnson* pünktlich zum Verlagsjubiläum vor, und auch der Tonfall wurde wieder versöhnlicher. Bei
der zusammen mit Max Frisch geplanten Lesereise musste sich
der kranke Uwe Johnson allerdings vertreten lassen. Das war
doppelt schade, weil Frisch aus seinem neuen Buch *Montauk*
las – eine aus autobiographischem Material montierte Erzählung über Ehekrise und Ehebruch, deren Ausarbeitung Uwe
und auch Elisabeth Johnson freundschaftlich begleitet hatten.
Am 6. Juli 1975 war Margret Boveri mit 74 Jahren gestorben.
Sie hatte Johnson als Verwalter ihres autobiographischen Nach-
lasses bestimmt. Ihre Autobiographie, an der sie mit Uwe und
Elisabeth Johnson Anfang der 1970er Jahre gearbeitet hatte,
war erst zur Hälfte fertig; den Rest ergänzten die Johnsons
nun aus dem vorhandenen Material, Elisabeth sichtete in Berlin den Nachlass, Uwe Johnson schrieb das Nachwort, und obwohl er in den 1977 erschienenen *Verzweigungen* als alleiniger
Herausgeber genannt ist, war dieses Buch eine eheliche Ge-
meinschaftsarbeit.

Ebenso war die Arbeit an *Jahrestage* als Kooperation organisiert:
Wie in Berlin las Elisabeth Johnson auch in Sheerness mit kri-
tischem Blick die Texte, die ihr Mann schrieb, tippte sie ins
Reine, recherchierte Details.

Doch Uwe Johnson schrieb kaum etwas. Es ging ihm nicht gut.
Immer wieder nahm er Anlauf, Gesine Crespahls Jahr zu Ende
zu erzählen – und immer wieder wich er auf andere Projekte
aus. Manche davon brachten ihn von den *Jahrestagen* weg –
Boveris *Verzweigungen* etwa oder die hochdeutsche Nacherzählung des Philipp-Otto-Runge-Märchens *Von dem Fischer
un syner Fru* samt Nachwort, die er 1976 in Unselds Auftrag

*Boveris Ver-
zweigungen,*
vgl. S. 50

Schreibkrise

> »Beim letzten Besuch in Sheerness [im Februar 1976] hatte ich für Augenblicke den bestürzenden Eindruck, Sie geben etwas auf, Sie trauen sich etwas nicht mehr zu; Sie richten sich gegen sich selbst. Vielleicht wagt es Ihnen niemand zu sagen: Das dürfen Sie nicht, Uwe, wir lieben Sie.« (Max Frisch in einem Brief vom 1. Juni 1976 aus Küsnacht an Uwe Johnson; FJB, S. 164)

erledigte. Mit anderen Projekten blieb er im Umfeld der *Jahrestage* – so mit *Heute Neunzig Jahr*, einer Familienchronik der Cresspahls ab 1888, an der er seit 1975 arbeitete, oder mit *Marthas Ferien*, das ihn ebenfalls seit 1975 beschäftigte und das bis in die Erzählwelt von *Ingrid Babendererde* zurückgreift. Zugunsten dieses Projektes legte Johnson die *Jahrestage* im Dezember 1977 schließlich längerfristig auf Eis. Doch *Marthas Ferien* blieb ebenso wie *Heute Neunzig Jahr* Fragment. Der Versuch, sich schreibend aus der Schreibkrise zu befreien, scheiterte vorerst, und das keineswegs allein an der nach wie vor instabilen Gesundheit oder am dicht gepackten Reisekalender. Dieser hielt Johnson fest im literarischen Leben der Bundesrepublik verankert, wo er im Mai 1977 auch in die Deutsche Akademie für Sprache und Dichtung gewählt worden war (aus der er 1979 formlos wieder austrat); er führte ihn aber auch auf Vortragsreise nach Jugoslawien und in die USA und ab und zu privat in die DDR, zu den Hensans nach Rostock etwa oder nach Ostberlin.

Der Grund für seine anhaltende Schreibkrise offenbarte sich im Sommer 1978, als Elisabeth Johnson zusammen mit der 15-jährigen Katharina aus dem gemeinsamen Haus auszog; die beiden blieben zwar in Sheerness wohnen, doch die Trennung war unwiderruflich. Sie war der letzte Schritt nach einer langen Ehekrise: Im Sommer 1975 hatte Elisabeth Johnson ihrem Mann gestanden, dass sie ihm im Herbst 1961 mit einem tschechischen Musikwissenschaftler untreu gewesen war. Sie hatte seinerzeit in Prag studiert, während Uwe Johnson bereits im Westen lebte. Drei Jahre lang hatten die Johnsons die aus diesem Geständnis resultierende Krise für sich behalten und versucht, sie gemeinsam zu meistern; sie hatten weiterhin zusammengelebt, waren zusammen gereist und hatten zusammen

Ehekrise und Trennung

gearbeitet. Aber der Versuch war gescheitert, die Ehe zerbrochen. Die Eheleute haben sich im Sommer der Trennung »noch zweimal gesehen« (E. Johnson 1997, S. 31), danach nie wieder; geschieden wurde die Ehe nicht.

Uwe Johnson redete so gut wie gar nicht über Krise und Trennung, die ihn doch in seinen Grundfesten erschütterten; sogar enge Vertraute (etwa die Leipziger Freunde) informierte er ausgesprochen wortkarg, manch anderen verschwieg er seine veränderte Lebenssituation ganz. Aber er plante, sich literarisch mit seiner Verletzung zu beschäftigen.

> »[Im August 1977] habe ich Ihnen gesagt, Sie würden aus einer meiner nächsten Arbeiten vielleicht schliessen auf eine private Notlage und dann wünschen, ich hätte Sie bereits ins Vertrauen ziehen sollen, als sie begann. Jedoch werde ich eher behindert durch die mündliche oder briefliche Mitteilung von einem Unglück, das zunächst einmal nur mich betroffen habe, und ich wolle vertrauen auf den Versuch herauszufinden, ob es darüber hinaus auch geeignet sei, erzählt zu werden als eine weniger subjektive Erfahrung.« (Uwe Johnson in einem Brief vom 31. August 1978 aus Sheerness an Max Frisch; FJB, S. 203)

Hannah Arendt hatte ihm diese Verschlossenheit schon 1975 nicht durchgehen lassen wollen: Den Brief, in dem Johnson ihr die Nachricht von seinem Infarkt ironisch ›verpackt‹ hatte,

Uwe Johnson
während seiner
Frankfurter Vor-
lesungen, 1979

hatte sie »sehr entzückend, sehr charmant« gefunden, »aber dann doch als ob einer mit geschlossenen Lippen spricht« (AJB, S. 157). Hannah Arendt war kurz darauf, im Dezember 1975, an einem Herzinfarkt gestorben – ein schwerer persönlicher Verlust für Uwe Johnson, der ihn in einer sehr schwarzen Zeit getroffen hatte.

Max Frisch akzeptierte Johnsons Bedürfnis nach Distanz und hakte nicht nach, und Siegfried Unseld – den Johnson schon vor der Trennung ins Vertrauen gezogen hatte – setzte auf das Schreiben als Strategie zur Überwindung der Lebenskrise: Er erteilte Johnson den Auftrag, die Gastdozentur für Poetik an **Frankfurter** der Frankfurter Goethe-Universität nach über zehnjähriger Un- **Vorlesungen** terbrechung wiederzubeleben. Johnson konzipierte einen Bericht über seine »Erfahrungen im Berufe des Schriftstellers« (BU, S. 24), den er ab Mai 1979 in Frankfurt vortrug.

> »Was uns an jenem Charlie aus Übersee unerfindlich ist, das ist der Beruf, dem er nachgeht oder der hinter ihm herläuft. [...]. Dieser Charlie, ein Reisender ist das! Im April und Mai war er fast jede Woche einmal in der Luft. Fuhr am Montagmorgen nach Heathrow, und wenn man ihn dann am Dienstagabend wegen seines Fehlens am Vortag befragen konnte, gab er wahrhaftig die Auskunft, da sei er in Frankfurt gewesen [...].« (Uwe Johnson in einem Brief vom 23. Oktober 1979 aus Sheerness an Alice und Dorothy Hensan; IG, S. 116 f.)

Als es im Anschluss galt, aus der Vorlesung ein Buch zu machen, entschied er sich, auch seine Schreibkrise und deren private Umstände zu thematisieren: In *Begleitumstände*, die 1980 erschienen, machte er das Ende seiner Ehe öffentlich, und zwar in einem Kontext, der durch und durch autobiographisch **Vgl. S. 120 f.** gesättigt ist und doch erkennbar eine literarische Selbstinszenierung bleibt – ein Entwurf. Während der Entwurf seiner gescheiterten Ehe kolportagehaft und bitter ausfiel, wies der Entwurf seiner Schreibkrise einen Ausweg: das ›Schreibtraining‹.

Bevor er dieses Training für die Fertigstellung der *Jahrestage* nutzen konnte, schrieb er ein Prosastück über eine gescheiterte Ehe, das auf Entwürfe aus dem Sommer 1975 zurückging. Dieser Text ist ebenfalls unübersehbar autobiographisch durch-

»Wenn einem daran liegt, wird er am Ende versuchen, sich im Alter von 44 Jahren das ›Schreiben‹ wieder beizubringen, mit zwei Zeilen am Tag, fünf Zeilen in der Woche, aber nach drei Monaten eben siebzehn Seiten.« (Uwe Johnson: *Begleitumstände*, 1980; BU, S. 453)

setzt – und dennoch schon im Titel als fiktive Literatur gekennzeichnet: *Skizze eines Verunglückten* verweist auf Max Frischs *Skizze eines Unglücks* aus dem *Tagebuch 1966-1971*, das Johnson seinerzeit lektoriert hatte. Seine *Skizze*, die das bundesdeutsche Feuilleton ebenso wie *Begleitumstände* beinahe ausschließlich autobiographisch aufnahm, war das literarische Geschenk für einen Freund, mit dem er anlässlich von *Montauk* die literarische Gestaltbarkeit von Ehebruch diskutiert hatte; sie erschien 1981 in einer Festschrift zu Frischs 70. Geburtstag und 1982 als Band der Bibliothek Suhrkamp.

Vgl. S. 112 f.

Auf Frischs Geburtstagsfest im Mai 1981 begegnete er auch Martin Walser wieder, und es kam (wie schon 1978 bei einer privaten Verabredung) zum Eklat: Diese Freundschaft war ein für alle Mal kaputt.

Vgl. S. 55, 133 f.

Und noch eine andere Lebensfreundschaft ging nun in die Brüche: die zu Manfred Bierwisch. Anlass war der Beitrag für eine internationale Festschrift, den Johnson auf Anfrage der niederländischen Herausgeber zu Bierwischs 50. Geburtstag

Manfred Bierwisch

Uwe Johnson, Siegfried Unseld, Peter Weiss, Max Frisch, Martin Walser am 15. Mai 1981, dem 70. Geburtstag von Max Frisch

im Juli 1980 geschrieben hatte. Bei der Planung hatte indessen niemand bedacht, wie brisant ein Buch für einen DDR-Linguisten werden konnte, das den Text eines – schlimmer noch: gerade dieses – ›Republikflüchtlings‹ enthielt. Da war sie wieder, die deutsch-deutsche Realität, die stets auch Johnsons private Bindungen beeinflusst hatte. Dieses Mal wirkte sie sich zerstörerisch aus. Denn obgleich er nach wie vor regelmäßig in die DDR reiste, engen Kontakt zu Deutschland hielt und ein geradezu besessener Nachrichtenkonsument war, konnte Johnson nicht verstehen, warum Bierwisch *Twenty-five years with Jake* nicht gedruckt wissen wollte. Es bleibt dahingestellt, ob dies einer zunehmenden Unversöhnlichkeit geschuldet war, einer inzwischen zu großen Distanz zum politischen Tagesgeschehen der beiden Deutschland oder seiner Schwierigkeit, die Lebensrealität in der DDR noch richtig einzuschätzen (Johnson lebte inzwischen über 20 Jahre im Westen, davon zwei in New York und fast sechs in England). Vermutlich war es eine Mischung aus allem. Jedenfalls fühlte Johnson sich verraten und brach jeden Kontakt zu Bierwisch ab – wegen Vgl. S. 20 eines Textes, in dem er die gemeinsame Freundschaft in den höchsten Tönen gelobt hatte.

Seinem Zorn über diese Episode machte er in *Jahrestage* öffentlich (JT, S. 1635-42), an denen er 1982 wieder konzentriert arbeitete und die ihm endlich wieder leichter von der Hand gingen. Ab Februar 1983 schickte er kontinuierlich Kapitel an den

> »Denn dies ist das erste Jahr nach der Herzgeschichte, dass das Schreiben auch ferne der Maschine, bei Spaziergängen oder beim Einkaufen, sich fortsetzt in Einfällen und Entwürfen, wie es frühe war und sein soll. Manches heilt sie eben, die Zeit.« (Uwe Johnson in einem Brief vom 8. Oktober 1982 aus Sheerness an Siegfried Unseld; JUB, S. 1029)

Verlag, und am 17. April – fast auf den Tag genau 16 Jahre nach- Vgl. S. 44 f. dem er Gesine Cresspahl in New York ›wiedergetroffen‹ hatte – gab er die letzte Lieferung auf die Post.

Die Fertigstellung dieses großen Romans muss eine unglaubliche Erleichterung gewesen sein, und das nicht nur, weil es ihm nach eigener Aussage wie in der »Geschichte von Münch-

> »*Thank God it's over. Wir wären fertig. Hiermit, ja.*« (Uwe Johnson in einem Brief vom 17. April 1983 aus Sheerness an Burgel Zeeh vom Suhrkamp Verlag; JUB, S. 1070)

hausen« gelungen war, »sich an seinen eigenen Haaren aus dem Schlamm« zu ziehen (zit. n. Bengel 1985, S. 120).

Auf Johnsons Verlagskonto, wo seine Honorare mit regelmäßigen monatlichen Zahlungen verrechnet wurden, waren hohe Schulden angelaufen, deren Abbau mit der Veröffentlichung von *Jahrestage 4* zu erwarten war. Dies hatte Siegfried Unseld im Dezember 1982 – als deutlich wurde, dass der Roman tatsächlich wieder vorwärts kommt – als Druckmittel eingesetzt und erstmals seit 1959 über eine Einstellung der monatlichen Zahlungen sprechen wollen. Während der Verleger auf diese Weise endlich einen verbindlichen Abgabetermin für das Manuskript erzwingen wollte, reagierte der Autor mit einem folgenreichen Schritt: Er überschrieb dem Verlag seine Lebensversicherung und änderte am 22. März 1983 – kurz vor Fertigstellung der *Jahrestage*, die doch eine deutliche finanzielle Erholung versprachen – sein Testament, indem er Elisabeth und Katharina Johnson von seinem Nachlass ausschloss und den Suhrkamp Verlag zum alleinigen Erben machte.

Schulden und Testament

Widmung für Siegfried Unseld im vierten Band der Jahrestage

Elisabeth Johnson erklärte später, Uwe Johnson habe in seinem Testament auch »die sehr dringende Bitte [geäußert], die für Katharina und mich bindend ist und bleibt, dass wir an einer Biografie nicht mitwirken sollen« (E. Johnson 1997, S. 31); dass so gut wie keine Äußerungen oder Fotos von Frau und Tochter veröffentlicht sind – auch nicht in diesem Buch –, geht auf diesen Umstand zurück.

Jahrestage
Juni 1968 - August 1968

LIEBER SIEGFRIED –
HIERVOR WAR EINE
PAUSE.
ICH BIN FROH, DASS
WIR SIE BE-
‹UND ÜBER-›
STANDEN HABEN.

YOURS, TRULY,
WJ.

‹OKT. 1983›

Den zehn Jahre ausstehenden vierten *Jahrestage*-Band hatte Uwe
Johnson stets auch als Verpflichtung empfunden: gegenüber
Verlag und Verleger, aber auch gegenüber seinen Lesern. Wie
schon 1971 beim Büchner-Preis und 1975 beim Raabe-Preis hatte er 1979 bei der Entgegennahme des Thomas-Mann-Preises
versprochen, »weiterzuschreiben, das Angefangene fertigzuma-
chen« (IüG, S. 79). Als dies endlich gelungen war, ging er für

> »Mir will das Erscheinen, das Abliefern des vierten Bandes
> [...] eher so vorkommen, als hätte ich ein gegebenes Verspre-
> chen erfüllt. Einmal das Versprechen gegenüber Gesine Cress-
> pahl, die Sache nun auch zu Ende zu bringen. Zum anderen
> gegenüber [...] Helen Wolff, die mir gedroht hat, sie würde noch
> sterben, ehe ich das zu Ende bringe. Das habe ich also glück-
> lich noch geschafft, und drittens, und vor allem, ein Verspre-
> chen erfüllt zu haben gegenüber den Lesern [...].« (Uwe John-
> son im Gespräch mit Jürgen Becker, Rolf Michaelis und Heinrich
> Vormweg am 8. Dezember 1983 in Köln; IüG, S. 312)

seinen Großroman trommeln: Im Frühjahr und im Herbst 1983
war er mit *Jahrestage* auf Lesetour, das Erscheinen des letzten
Bandes im Oktober wurde in den Feuilletons als literarische
Sensation gefeiert. Als Johnson im November 1983 den Kölner
Literaturpreis erhielt, hatte er sein Versprechen eingelöst und
konnte wieder nach vorn blicken.

In New York City,
vor der ehemali-
gen Wohnung
243, Riverside
Drive, September
1983

Neue Pläne Er wollte *Heute Neunzig Jahr* fertigschreiben, die Familienchronik der Cresspahls, die er 1975 angefangen hatte. Hierfür reiste er im Sommer 1983 recherchierend durch Mecklenburg. Auch New York stand wieder auf seinem Reiseplan, die Stadt, die er in den letzten Jahren besucht hatte, sooft er konnte, und in der er sich wohl fühlte wie nirgends sonst. Im Sommer 1983

> »Ich träume von einer Erlaubnis, gelegentlich für eine längere Zeit als bloss Ferien zurückzukehren nach New York.« (Uwe Johnson in einem Brief vom 8. Februar 1983 aus Sheerness an Lotte Köhler; zit. n. Befreundungen, S. 477)

ermöglichten Arbeiten für die *Zeit* und ein Filmprojekt für den *Hessischen Rundfunk* einen mehrwöchigen Aufenthalt, und nach seiner Rückkehr vereinbarte er mit Max Frisch, ab Mitte 1984 für ein Jahr dessen New Yorker Apartment zu mieten.

Krankheit Mitten im Rummel um *Jahrestage 4* wurde Johnson krank. Nach einer Lesung in Berlin war er Ende Oktober 1983 mit akuter Bronchitis und psycho-physischem Erschöpfungszustand ins Krankenhaus gekommen. Nach zehn Tagen wurde er auf eigenen Wunsch entlassen, nicht ohne strenge ärztliche Ermahnungen zur körperlichen Schonung sowie zur Reduktion seines Nikotin- und Alkoholkonsums – Ermahnungen, an die er sich offenbar nicht gehalten hat. Schon am 12. November musste er sich nach Hans Werner Richters 75. Geburtstag erneut – und deutlich alkoholisiert – ärztlich behandeln lassen. Sein hoher Alkoholkonsum war seit den 1960er Jahren ein offenes Geheimnis, doch allen Legenden um den ›Trinker Johnson‹ zum Trotz lässt sich nicht belegen, ob er tatsächlich alkoholkrank im medizinischen Sinne war. Wohl aber kann man nach neuester Aktenlage für die letzten Lebensjahre von einer Medikamentenabhängigkeit ausgehen. Offenbar infolge seiner Depression, aber auch infolge von Schlafstörungen und Schmerzen in der Halswirbelsäule nahm Johnson regelmäßig Schlafmittel und stimulierende Amphetamine (Friedrich E. Straße [in Vorbereitung]).

Den Jahreswechsel 1983/84 verbrachte er in Sheerness. Als man im Suhrkamp Verlag mehrere Wochen nichts von ihm gehört hatte und ihn nicht erreichen konnte, begann man sich Sor-

gen zu machen. Siegfried Unseld telegrafierte am 12. März mit
der Bitte um Rückruf. Am selben Tag beschlossen die Freunde
aus *Napier* und *Seaview*, die »Charlie« seit über zwei Wochen
nicht mehr gesehen hatten, in das Haus an der Marine Parade
einzudringen. Sie fanden Uwe Johnson in seinem Wohnzim-
mer; er war vermutlich schon über zwei Wochen tot: Am 23.
Februar hatte man ihn in Sheerness zuletzt gesehen. In der Nähe der Leiche fand man zwei leere Flaschen Rotwein und eine
Packung Schlaftabletten. Die Obduktion ergab einen natürli-
chen Tod infolge hypertensiver Herzerkrankung.
Uwe Johnson ist nur 49 Jahre alt geworden.

Früher Tod

**Johnsons
Arbeitszimmer
in Sheerness,
fotografiert nach
seinem Tod**

Werk

»Ich wollte nur die Geschichte erzählen«

Uwe Johnson gilt als schwieriger Autor, »der es sich und seinen Lesern nicht leicht macht« (Buck 1980, S. 10). Tatsächlich entzieht sich seine Literatur einer flüchtigen Lektüre, und ohne die Bereitschaft, sich auch auf die (mitunter komplexe) Struktur seiner Texte, auf das Vertrackte ihrer Konstruktion und den Rhythmus ihrer Sprache einzulassen, ist ein Zugang zu seinem Werk nicht zu haben. Das ist die ›schlechte Nachricht‹.

Die ›gute Nachricht‹ ist, dass Johnsons Werk bei aller Vielfalt auch von bemerkenswerter Kontinuität ist: in den Themen, im Personal, in Erzähltechnik, Stil und diesem ganz besonderen ›Johnson-Sound‹ der Sprache. Das bedeutet, dass man sich diesem Autor auch über die ›kleineren‹ Texte nähern kann, über die Nachlassfragmente aus dem *Jahrestage*-Umfeld etwa oder über die Erzählungen aus *Karsch, und andere Prosa*, die gleichsam »auf Nebenwegen ins Zentrum von Johnsons Erzählen« führen (Norbert Mecklenburg, zit. n. KP, S. 97). Ihre Lektüre schult den Blick für Johnsons Ästhetik und seine Erzählwelt, für seine Landschaften und Schauplätze, für die dokumentarisch abgesicherte Genauigkeit, mit der er von der gesellschaftlichen Verstrickung des Einzelnen erzählt und die Möglichkeiten eines politisch bewussten Lebens auslotet. Und die Lektüre macht möglicherweise neugierig auf mehr. Wer etwa die 13-jährige Gesine Cresspahl und ihren ›Ziehbruder‹ Jakob Abs in der Erzählung *Osterwasser* ›kennen gelernt‹ hat und mehr über die beiden wissen möchte, könnte dies in *Mutmassungen über Jakob* und *Jahrestage* nachlesen – wäre also unversehens (und inzwischen bestens gewappnet) bei den ›großen‹ Romanen gelandet. Denn Johnson entwickelte seine Figuren nicht nur mit viel Sinn fürs Detail, er erfand ihnen auch vollständige Biographien – über die Buchdeckel hinaus, zwischen denen er sie wandern ließ, um sie in *Jahrestage* schließlich alle zusammenzuführen.

Befragt nach seinen Absichten oder seiner Poetik, wich er stets aus und wiederholte geradezu gebetsmühlenartig, er »wollte nur die Geschichte erzählen« (IüG, S. 187). Dabei wollte er zwei-

Zugänge

felsohne nicht nur *Geschichten*, sondern auch *Geschichte* erzählen. Denn obgleich Johnson sich mit guten Gründen gegen das verkürzende Etikett vom »Dichter der beiden Deutschland« wehrte – dass die deutsch-deutsche Teilung ein zentrales Thema seines Werks war, hätte er nie bestritten. Er hat sie mit derselben historischen Präzision im Erzählen festgehalten wie die Zeit des Nationalsozialismus, die 1960er Jahre der Rassenunruhen in den USA und des Vietnamkriegs, die europäischen Konstellationen zwischen Ungarnaufstand und »Prager Frühling«.

Johnson war ein Geschichtenerzähler, der fast nichts anderes geschrieben hat als literarische Prosa – mit Betonung auf beiden Wörtern: Er hat sich weder in der Lyrik noch im Drama ernsthaft versucht, überdies gerieten ihm auch Aufsätze, Vorträge etc. meistens zu Literatur, sogar Briefe wurden zuweilen zum erzählerischen Kunststück. Deshalb beginnen die Konturen seines Werkes umso stärker zu schillern, je präziser man sie zu fassen sucht.

Nicht zuletzt dieser Umstand hat dazu geführt, dass Johnsons zu Lebzeiten veröffentlichtes Werk inzwischen schmaler ist als dasjenige, das nach seinem Tod herausgegeben wurde. Als er 1984 starb, lagen neun fertige Bücher von ihm vor (*Mutmassungen über Jakob*; *Das dritte Buch über Achim*; *Karsch, und andere Prosa*; *Zwei Ansichten*; *Eine Reise nach Klagenfurt*; *Berliner Sachen*; *Begleitumstände*; *Skizze eines Verunglückten*; *Jahrestage*), zusätzlich einige verstreute Einzeltexte sowie mehrere herausgegebene Bücher und Übersetzungen (darunter Max Frisch: *Stich-Worte* und Margret Boveris *Verzweigungen*). Ein Jahr nach seinem Tod begann mit *Ingrid Babendererde* die Editionstätigkeit aus dem Nachlass, die bis heute anhält und inzwischen neben Nachlassfragmenten auch von Herausgebern zusammengestellte Sammlungen sowie zahlreiche Briefwechsel umfasst.

Das posthume Werk

Ingrid Babendererde. Reifeprüfung 1953
Frankfurt / M.: Suhrkamp 1985 [posthum]

Uwe Johnsons erster Roman ist auch derjenige, den er am häufigsten überarbeitet hat. Die Geschichte mecklenburgischer Abiturienten, die 1953 während der Kampagne gegen die evangelische Junge Gemeinde mit Staat und Schule in Konflikt geraten, wurde 1956/57 im Osten wie im Westen abgelehnt und erst posthum aus dem Nachlass publiziert. Gedruckt wurde die Fassung, die der 22-Jährige 1957 aus Leipzig an den Suhrkamp Verlag geschickt hatte. Ihr waren (mindestens) zwei Fassungen sowie eine noch aus Rostock mitgebrachte, heute verschollene Urfassung vorangegangen – Fassungen, von denen Johnson über 20 Jahre später in seinen Frankfurter Vorlesungen ausführlich berichtete (BU, S. 69-99) und die mit grundlegenden erzähltechnischen Eingriffen dokumentieren, wie ein junger Autor nach der besten Form für seine Geschichte sucht.

Vgl. S. 23

Erste Manuskriptseite von Ingrid Babendererde, zweite Fassung

Das erste Wort von *Ingrid Babendererde* lautet »ANDERERSEITS« (IB, S. 9) – und wirft sofort Fragen auf: Wer widerspricht hier wem und gegen was? Warum steht das Wort in Kapitälchen, warum die nachfolgende Beschreibung einer Zugfahrt kursiv? Und wo ist überhaupt das »Einerseits«, das einem »Andererseits« doch vorausgehen müsste?

Ein Teil der Erklärung folgt zwei Seiten später, wenn der Text noch einmal neu ansetzt: Nun wird das »EINERSEITS« nachgetragen (IB, S. 11), ebenfalls in Kapitälchen; allerdings steht der nachfolgende Text jetzt im normalen Schriftschnitt und spielt in Mecklenburg. Und langsam begreift der Leser: Während die insgesamt fünf kurzen, kursiv gesetzten Abschnitte auf der Flucht aus der DDR (und später dann in Westberlin) spielen, erzählen die deutlich längeren normal gesetzten Kapitel vom Konflikt, der zu dieser Flucht geführt hat; der Text ist also in zwei drucktechnisch voneinander abgesetzten Zeitebenen organisiert. Das letzte Kapitel endet, wo der Kursivtext auf der ersten Seite begonnen hatte – der Roman rundet sich zum Kreis. Diese Struktur hat zur Folge, dass der Leser den Konflikt von Anfang an im Wissen um seinen Ausgang verfolgt: Er weiß, dass er auf Republikflucht hinausläuft und kann seine Aufmerksamkeit auf die Frage richten, wie es dazu kam.

Worin besteht der Konflikt? Ingrid Babendererde, Klaus Niebuhr und Jürgen Petersen sind Abiturienten einer mecklenburgischen Kleinstadt des Jahres 1953. Ihre Freundschaft ist so herzlich wie kompliziert: Ingrid und Klaus sind ein Paar und stehen dem (organisierten) politischen Leben in der DDR distanziert gegenüber. Jürgen ist unglücklich in Ingrid verliebt und überdies aktives FDJ-Mitglied, engagiert für den Sozialismus als das bessere System nach dem Faschismus, in dem sein Vater sich schuldig gemacht hat. Gemeinsam sind den dreien schulische Langeweile und Überdruss am staatlich verordneten Denken, denen sie sooft wie möglich beim Segeln zu entkommen versuchen. Kurz vor ihrem schriftlichen Abitur werden sie auf eine harte Probe gestellt: Im Zuge der Hetzkampagne, die SED und FDJ gegen die Junge Gemeinde führen, werden repressive Maßnahmen gegen Mitschüler ergriffen, die an den Treffen dieser evangelischen Jugend teilnehmen, und Ingrid wird aufgefordert, öffentlich zu »reden über Die Junge Gemeinde Und Die Rechte Der Kirche« (IB, S. 147). Der wortkarge, ironische Klaus hält eine Auseinandersetzung für zwecklos; er entzieht sich, indem er statt zur Schulversammlung demonstrativ segeln geht. Ingrid dagegen befindet, »es sei EINFACH NICHT GUT SO, sie rieche unter solchen Umständen überhaupt nichts von Wind« (IB, S. 150), und redet sich in der Aula um Kopf und Kragen.

Vgl. S. 16

Ingrids Rede

Ihr Plädoyer für die persönliche Freiheit hört Jürgen vom Podium der FDJ aus an; von dort stimmt er später mutig gegen den Schulverweis der Freundin, darauf achtend, »dass er den Arm […] nicht tiefer sinken liess als Ermüdung und Langeweile allenfalls hätten erklären können« (IB, S. 182). Trotzdem wird Ingrid mit 289 zu 17 Stimmen der Schule verwiesen. Sie entschliesst sich zur Flucht. Klaus, empört über die Vorgänge, »möcht mit solchen Leuten nichts mehr zu tun haben« (IB, S. 246) und tritt seinerseits aus der Schule aus, um mit Ingrid zu fliehen. Jürgen widersteht dem Drängen des Schulleiters, sich gegen Klaus und Ingrid zu stellen; stattdessen verteidigt er Ingrids Argumente – »Ich bin nämlich der Meinung sie hat

> »... ich weiss nicht so gut Bescheid über die Junge Gemeinde
> [...], und ich kann da also nichts sagen.
> – Wenn ich aber nun durchaus was sagen soll –: ich will denn
> wohl reden über die Hosen, mit denen Eva Mau im Januar nach
> den Ferien in die Schule gekommen ist. [...]. Sie gibt auch zu
> dass die aus Westberlin sind, und [Direktor] Pius [Siebmann]
> sagt: Er hat sich das gleich gedacht.
> – Ja. Das war das letzte Mal dass wir die Hosen in der Schule
> gesehen haben. [...].
> – Ich möcht nu wirklich sagen dass das nicht gut so ist. Wir
> können ja wohl nicht alle Herrn Siebmanns Anzug tragen, wir
> mögen uns auch nicht alle so benehmen wie er. Ich bin also
> dafür dass Eva Mau ihre Hosen tragen dürfen soll. Wer sie dann
> nicht leiden mag kann ja wegsehen. Und ich bin also auch da-
> für dass Peter Beetz sein Abzeichen tragen darf: wenn es auch
> ein Kreuz auf der Kugel ist. Soll er doch. In dieser Zeit führen
> alle Wege zum Kommunismus: sagt Herr Direktor Siebmann,
> und wir haben das wohl begriffen.«
> (Uwe Johnson: *Ingrid Babendererde*, 1957 / 85; IB, S. 174 f.)

recht, verstehen Sie?« (IB, S. 226) –, handelt sich dafür eine
Rüge der Partei ein und hilft den Freunden bei der Fluchtvor-
bereitung.

Varianten des Widerstands Verweigerung, offene Kritik oder Überzeugungsarbeit – so unterschiedlich die Reaktionen der drei Hauptfiguren ausfallen,
als der Staat unmittelbar in ihr Leben eingreift und sie zur
politischen Stellungnahme zwingt, so erkennbar bewahren alle
drei ihre moralische Integrität, für die sie gehörige »Knoten in
ihrem Lebenslauf« riskieren (IB, S. 213). Die Frage, wer ›richtig‹
liegt und wer ›falsch‹, bleibt offen, ebenso wie weder »Gehen«
noch »Bleiben« bewertet werden – es obliegt dem Leser, die Varianten gegeneinander abzuwägen.

Mit viel Liebe zum Detail bettet Johnson die Schüler mit ihren Hoffnungen, (Liebes-)Nöten und Ängsten in ein Umfeld
von großer Authentizität und hoher atmosphärischer Dichte
ein, und zwar bis hin zu den Nebenfiguren: Die gesellschaftliche Realität der frühen DDR ist »als ein ungemein hellsichti-
ges Zeitbild« (Buck 1993, S. 861) ebenso exakt eingefangen wie
die mecklenburgische Frühsommerlandschaft und die Segel-

partien. Nicht umsonst befand schon der Mitteldeutsche Verlag 1956 (ungeachtet seiner Absage), das »Talent des Autors« liege »in der Beobachtung – und im Wiedergeben einer gesehenen, gerochenen, geschmeckten Atmosphäre« (zit. n. BU, S. 94).

Johnson selbst befand im Rückblick, die Geschichte seines Erstlings hätte im Zuge ihrer Überarbeitungen »das Leben verloren« und sei »'totgeschrieben'« (BU, S. 88). Dass dieses Urteil insgesamt zu hart ist (und dass sein Debüt ihm stets wichtiger blieb, als er vorgab, hat er doch nie ganz aufgehört, davon zu reden), darüber ist sich die Forschung heute einig. Zwar ist ein »stilistische[r] Stimmbruch« (Mecklenburg 1997, S. 170) nicht zu überhören, der sich etwa in einer recht statischen Gesamtstruktur oder in sprachlichen Manierismen niederschlägt; vielleicht auch in der etwas »vertrackte[n] Provinzialität« und »Backfischseligkeit«, die Siegfried Unseld 1957 als »zu wenig Welt« aufstießen (zit. n. IB, S. 258) und derentwegen letztlich auch Suhrkamp das Buch ablehnte.

Schutzumschlag der Erstausgabe, 1985 (posthum)

> »Da spricht und schreibt ein Schüler, ein Student, das ist unüberhörbar, und da meldet sich ebenso unüberhörbar bereits ein grosser Erzähler zu Wort.« (Norbert Mecklenburg über *Ingrid Babendererde* am 14. Mai 1985 in der *Neuen Zürcher Zeitung*; zit. n. *Frühwerk*, S. 213)

Dennoch ist *Ingrid Babendererde* der gültige, lesenswerte und sehr typische Anfang des Johnson'schen Erzählens. Hier beginnt Johnson seinen mecklenburgischen Erzählkosmos zu entfalten, hier dekliniert er die für sein Werk zentralen Fragen nach politisch aufrechtem Verhalten und persönlicher Loyalität erstmals durch. Hier erprobt er ein erzähltechnisches Repertoire, das den Leser an der Ursachenforschung eines Konfliktes beteiligt, ohne eindeutige Lösungen zu präsentieren. Und nicht zuletzt offenbaren sich schon hier die sprachliche Schönheit und die

Ein gültiger Anfang

beeindruckende Präzision seiner Prosa, die so leichtfüßig später nie wieder daherkommt.

Mutmassungen über Jakob

Roman. Frankfurt / M.: Suhrkamp 1959

Das öffentliche Debüt Uwe Johnsons wurde sein zweiter Roman *Mutmassungen über Jakob*, die Geschichte einer Hand voll Menschen in der DDR des politisch ereignisreichen Herbstes

Die Fabel 1956. Erzählt werden die letzten Wochen im Leben des 28-jährigen Jakob Abs – und zwar im Rückblick, denn Jakob ist zu Beginn des Romans bereits tot. Nach dem Krieg war er mit seiner Mutter als Flüchtling bei Heinrich Cresspahl und dessen Tochter Gesine im mecklenburgischen Jerichow untergekommen. Inzwischen ist er Streckendispatcher bei der Reichsbahn in einer Stadt an der Elbe. Gesine ist längst in den Westen übergesiedelt und arbeitet als Fremdsprachensekretärin bei der NATO. Im Herbst 1956 versucht Stasi-Hauptmann Rohlfs, sie über Jakob für Spionagezwecke zu gewinnen. Davon nichts ahnend, taucht Gesine illegal bei Jakob auf, der sie – beschattet von Rohlfs – nach Jerichow bringt. Dorthin hat sich auch Gesines Freund Jonas Blach zurückgezogen, ein Anglist aus Ostberlin, der in Cresspahls Haus an einem politisch brisanten Manuskript arbeitet. Weil sie ihre Liebe zu ihrem ›Ziehbruder‹

Werk

Jakob entdeckt, trennt sich Gesine von Jonas. Noch am selben Abend treffen alle Figuren in Cresspahls Küche zusammen, wo Rohlfs versucht, Gesine von einer Zusammenarbeit zu überzeugen, ihr aber Bedenkzeit und freies Geleit für ihre Rückkehr in den Westen gewährt. Jakob besucht sie in Düsseldorf, kehrt jedoch bald in die DDR zurück. Er stirbt nach seiner Ankunft beim Überqueren der Eisenbahngleise. Unter dem Eindruck seines Todes erinnern sich die anderen an ihn und sprechen über die möglichen Ursachen des Unglücks.

So weit der Versuch, die Fabel der *Mutmassungen* nachzuerzählen – ein Versuch, den auch der Verlag unternahm, als er auf dem Schutzumschlag der Erstausgabe »Angaben zur Geschichte Jakobs« druckte.

Ein Versuch allerdings auch, der den Roman notwendig verfehlen muss, weil jede Nacherzählung letztlich zum »Reißer über einen Spionagefall am Eisernen Vorhang« gerät, wie Theodor Wieser seinerzeit in der *Neuen Zürcher Zeitung* beinahe ungläubig bemerkte (zit. n. Frühwerk, S. 74). Die nahe an der Kolportage angesiedelte Story ist in eine komplexe formale Struktur gegossen und vervollkommnet sich erst während der Lektüre, in ihren Zwischenräumen, an ihren Bruch- und Leerstellen zu einem Text von faszinierender Vielschichtigkeit und poetischer Dichte.

> »Johnsons Prosa ist wie gegen den Strich geschrieben. Sie ist voller Widerstände und Abkürzungen. Was immer der Leser dazuerraten kann, wird einfach ausgelassen.« (Hans Magnus Enzensberger über *Mutmassungen über Jakob* im Dezember 1959 in *Frankfurter Hefte*; zit. n. Frühwerk, S. 81)

Der Roman beginnt (wie schon *Ingrid Babendererde*) mit seinem Ende und ist aus zwei Zeitebenen komponiert, die eng ineinander verschränkt sind und sich am Ende zu einem Kreis fügen. Der Tod Jakobs markiert ihre chronologische Grenze: Die eigentliche Jakob-Fabel wird im Rückblick rekonstruiert, in Gang gesetzt von Jakobs Freunden, die sich über die Umstände seines plötzlichen Todes austauschen. Ihre Dialoge durchziehen den Text von der ersten Seite an, werden aber – eben weil sie chronologisch nachgeordnet sind – erst auf den letzten Seiten

Zwei Zeitebenen

in der erzählten Welt verankert: Jonas Blach unterhält sich noch am Tag von Jakobs Tod mit dem Eisenbahner Jöche; tags darauf telefoniert er mit Gesine; wenig später treffen sich Gesine und Rohlfs in Westberlin. Erst mit diesem Wissen, also vom Ende her, lassen sich die drei Dialoge vollständig erschließen, obwohl sie – in Auszügen und nacheinander – von Anfang an zu ›hören‹ sind. Gekennzeichnet sind sie allein durch Spiegelstriche; die Zuordnung der Sprecher obliegt dem Leser.

Miterzählende Figuren Die Dialoge machen etwa ein Sechstel des Romans aus; ein Viertel steht in kursiv gesetzten Monologen, die – ebenfalls ohne Nennung der Namen – auf Gesine, Jonas und Rohlfs verteilt sind. Den Rest – also weit mehr als die Hälfte – bestreitet ein Erzähler, der nicht persönlich in Erscheinung tritt, aber souverän zwischen den Figuren hin- und herschaltet, ihre Beiträge ergänzt, korrigiert, montiert. Er erzählt nicht *von* seinen Figuren, sondern *mit* ihnen. Die Figuren dürfen mit*reden*, damit der Leser mit*hören* kann.

> »[...] der Leser wird [...] ziemlich realistisch in die Lage versetzt, einem Gespräch [...] am Nebentisch zuzuhören. [...]. Sie hören zwei Leute [...] einander etwas erzählen, und erst allmählich kommt Ihnen [...] eine Erleuchtung, um was es sich handelt und was da passiert [...]. Das ist eine realistische Situation, die geht eben nicht davon aus, daß da zwei Fremde [...] sich dem Zuhörer voll zuwenden und sagen: Ja, wissen Sie, wovon wir reden, das ist eigentlich das, und dann fangen sie ganz von vorn an [...].« (Uwe Johnson 1974 im Gespräch mit Manfred Durzak; zit. n. Durzak 1976, S. 431 f.)

Denn dies vor allem ist die Konsequenz der erzählerischen Arbeitsteilung: Der Leser muss sich im Stimmengewirr des Romans zurechtfinden und die Sprecher identifizieren (was sich im Zuge einer Erstlektüre unmöglich lückenlos bewerkstelligen lässt). Er lernt die Figuren sukzessive aus ihren Gesprächen und Gedanken kennen, muss ihre teilweise widersprüchlichen Sichtweisen abwägen und Mehrdeutigkeiten aushalten, kurz: er wird an ihrer Suche nach der Wahrheit beteiligt. Dabei bleibt vieles rätselhaft, unerklärt, undurchschaut: Warum kommt Gesine illegal (überdies bewaffnet!) in die DDR? Was genau hat

Rohlfs mit Jakob besprochen, was hat Jakob *ihm* versprochen? Warum lässt Jonas sich verhaften, statt zu fliehen? Vor allem: War Jakobs Tod auf den Gleisen wirklich ein Unfall? Das wird bereits mit dem protestierenden ersten Satz des Romans angezweifelt, aber es bleibt offen bis zum Schluss – eine Mutmaßung.

Jakobs Tod – ein Unfall?

> »Aber Jakob ist immer quer über die Gleise gegangen.
>
> – Aber er ist doch immer quer über die Rangiergleise und die Ausfahrt gegangen [...]. Und er war sieben Jahre bei der Eisenbahn.
> – Nun sieh dir mal das Wetter an, so ein November, kannst keine zehn Schritt weit sehen vor Nebel, [...] und alles so glatt. Da kann einer leicht ausrutschen.«
> (Uwe Johnson: *Mutmassungen über Jakob* (Romananfang), 1959; MJ, S. 7)

Einem flüchtigen Lesegenuss entzieht sich dieser Roman programmatisch. Vielmehr wird schon auf den ersten Seiten deutlich, dass die Lektüre Arbeit macht; spätestens auf den letzten Seiten wird überdies klar, dass eine zweite Lektüre zum Verständnis unabdingbar ist. *Mutmassungen über Jakob* ist zweifelsohne eine Lese-Herausforderung – die übrigens auch professionelle Leser an Grenzen brachte: So hatte etwa Martin Walser im Juli 1959 – noch bevor er Johnson persönlich begegnete – zwar einen Werbetext zum Roman geschrieben, Siegfried Unseld aber gestanden, dass er »einiges überhaupt nicht kapiert« habe (zit. n. Magenau 2005, S. 152).

Doch die Mühe der Lektüre lohnt: Wer sich der Herausforderung stellt und sich an der tastenden Wahrheitssuche lesend beteiligt, dem öffnet sich eine vielschichtige Welt von hoher Suggestivkraft. Gerade weil sich die Figuren – ganz realistisch – nicht vollständig ausdeuten und erklären lassen, gewinnen sie eine beinahe physische Präsenz, zumal sie präzise in ihr jeweiliges Umfeld eingebettet sind. Ob es um die Ermittlungsmethoden der Staatssicherheit geht, um die Interna der Reichsbahn, das Arbeitsklima an der Universität oder die Atmosphäre im Krug von Jerichow – die einzelnen Handlungselemente sind

Faktengenauigkeit

bis an den Rand gefüllt mit gründlich recherchierten, präzise beobachteten Fakten. Zudem sind sie exakt eingepasst in den historischen Kontext des Jahres 1956. In der Tauwetter-Phase nach Chruschtschows Geheimrede auf dem XX. Parteitag der KPdSU sind die Menschen von Entstalinisierungshoffnungen und dem Glauben an einen besseren Sozialismus getragen. Als im Herbst die Sowjetunion den Ungarnaufstand niederschlägt und während der Suezkrise das militärische Eingreifen Englands und Frankreichs die Welt in Atem hält, verdüstert sich das politische Klima wieder.

In diesem historischen Moment führt Johnson seine Figuren in eine Situation, in der sie sich politisch verhalten *müssen*, und zwar, ob sie wollen oder nicht. Jakob Abs will eigentlich nicht:

Die Politik und der Einzelne Politik interessiert ihn nicht besonders, er geht ganz in den übersichtlichen »Minutenspalten« (MJ, S. 23) seines Dienstes auf. Doch in »diesem Herbst war Jakob achtundzwanzig Jahre alt, und er hatte noch in keinem den Oktober so als eine Zeit erlebt« (MJ, S. 20). Die Politik bringt die Koordinaten seines geordneten Lebens ins Wanken: Nachdem Stasi-Hauptmann Rohlfs bereits Jakobs Mutter in die Flucht geschlagen hat, tritt er nun an diesen selbst heran mit glühender Verbissenheit für die »*Sache des Sozialismus, für die ein jeder muss Opfer bringen in Erwägung der bedeutenden Zukunft*« (MJ, S. 223). Der Intellektuelle Jonas Blach konfrontiert Jakob mit Fragen nach Fehl- und Haftbarkeit der Partei, die er – in Fortsetzung von Chruschtschows Kritik am Personenkult um Stalin – erkenntnistheoretisch analysiert. Gesines »wahnwitziger Besuch« (MJ, S. 252) zwingt dann zum Handeln: Um sie zu schützen, bringt Jakob sie nach Jerichow, handelt mit Rohlfs »sicheres Geleit und ungehinderte Entscheidung« für sie aus (MJ, S. 222) und weiht trotz Schweigevereinbarung Gesines Vater ein. Kaum ist Gesine wieder sicher über die Grenze gebracht, dringt die Politik bis in den Dispatchterturm vor: Jakob muss Militärtransporten nach Ungarn die Vorfahrt vor den Personenzügen geben und steht hinterher da, »als ob er nicht wisse wohin nun gehen« (MJ, S. 251). Schließlich scheitert seine Liebe zu Gesine an der politischen Unmöglichkeit, einen gemeinsamen Ort zum Leben zu finden.

Werk

> »›Bleib hier‹ sagte sie.
> ›Komm mit‹ sagte er. Er war in ihren Ton geraten und hatte sie
> wiederholt; indessen hatte er sie nicht verspotten wollen.
>
> *Was ich hätte sagen können war ich möchte auf die Wolken.«*
> (Uwe Johnson: *Mutmassungen über Jakob*, 1959; MJ, S. 296)

Am Ende hat Jakob »unabweisbar erfahren, daß die politische
Wirklichkeit mehr von ihm verlangt als saubere tägliche Arbeit,
mehr auch als er zu geben bereit ist« (MJ, Umschlagtext 1959) –
und der Leser hat einen so präzisen Einblick in diese politische Wirklichkeit erhalten, dass sich beinahe von selbst erklärt,
warum der Roman in der DDR nicht druckbar war und in der
Bundesrepublik Aufsehen erregte.

> »Selbst das fragwürdige Handwerk des Mannes vom Sicher-
> heitsdienst wird genau und gerecht dargestellt. Dieser Herr
> Rohlfs ist nicht die Bestie im Ledermantel, die man aus so vie-
> len Filmen kennt, auch er hat seine Veranlassungen und Mut-
> maßungen.« (Hans Magnus Enzensberger über *Mutmassungen
> über Jakob* im Dezember 1959 in *Frankfurter Hefte*; zit. n. Früh-
> werk, S. 83).

Eine so genaue, so eindringliche Schilderung der Lebensverhält-
nisse in der DDR war neu. Das »auf der Hand liegende, das
zentrale, zum Himmel schreiende Thema der deutschen Teilung« hatte endlich seinen Autor gefunden (zit. n. Frühwerk,
S. 80) – und ein Autor sein Etikett: Quasi über Nacht wurde
Uwe Johnson zum »Dichter der beiden Deutschland«.

Vgl. S. 123 f.

Doch auch die kunstfertige Vielstimmigkeit dieses Debüts,
seine offene Struktur, seine so komplexe wie exakt durchkomponierte Form waren eine kleine Sensation. Sie brachte Johnson ein zweites Etikett ein – das des nebulösen ›Mutmaßungs-
Poeten‹ – und vermehrte seinen Ruhm. Im sozialistischen
Realismus der zeitgenössischen DDR-Literatur war eine solch
radikale Modernität undenkbar. Und obgleich im Westen etwa Wolfgang Koeppen oder Arno Schmidt schon einige Jahre
zuvor den Anschluss an die Klassische Moderne gesucht hatten, obgleich das Literaturjahr 1959 Romane wie *Die Blechtrom-
mel* von Günter Grass oder *Billard um halbzehn* von Heinrich

**Radikale
Modernität**

Böll hervorbrachte, war diese radikale Modernität auch in der Bundesrepublik eine »große Ausnahme« (zit. n. Frühwerk, S. 79). Schon die Johnson-Rezensenten der ersten Stunde zogen Linien zu James Joyce und William Faulkner, zu Ernst Barlach und Bertolt Brecht. Trotz einiger Einwände gegen die Schwierigkeit des Textes und seine Manierismen, auch gegen »gewisse vorgeprägte Vorstellungen im Hinblick auf westliche Verhältnisse« (JUB, S. 18) überwog die Anerkennung der atmosphärischen Dichte und eigenwilligen Originalität dieser Prosa, der lyrischen Schönheit und poetischen Exaktheit ihrer Sprache. Heute zählt *Mutmassungen über Jakob* zu den großen Romanen des 20. Jahrhunderts.

Das dritte Buch über Achim
Roman. Frankfurt / M.: Suhrkamp 1961

Das dritte Buch über Achim war das erste Buch, das Uwe John- Die Fabel son im Westen geschrieben hatte. Es erzählt die Geschichte eines Scheiterns und spielt überwiegend in der DDR, aber sein Protagonist, der Journalist Karsch aus Hamburg, ist dort nur zu Gast. Im Jahr 1960 besucht er seine ehemalige Freundin Karin S., eine inzwischen bekannte Schauspielerin, die mit dem berühmten Radrennfahrer und Volkskammerabgeordneten Achim T. in einer sächsischen Stadt lebt. Karschs ursprünglich privater Aufenthalt wandelt sich in einen beruflichen, als er auf Vorschlag der sächsischen Presse ein Zeitungsporträt über Achim verfasst. Daraus entwickelt sich der Auftrag, eine Biographie über den Sportler zu schreiben – ein drittes Buch über Achim, denn zwei gibt es bereits. War Karsch schon vorher »neugierig auf dies Land und wie darin zu leben wäre« (DBA, S. 37), so fokussiert er seine Neugier nun auf das Leben Achims, das er systematisch recherchiert und in verschiedenen Varianten der Niederschrift erprobt. Doch von Anfang an gibt es Konflikte: Während Karsch das gelebte Leben des Sportlers mitsamt den Brüchen und Widersprüchen erzählen möchte, wünschen sich seine Auftraggeber das ideologisch lupenreine Porträt eines Vorbildsozialisten. 1930 geboren, hat der jetzt 30-jährige Achim allerdings die knappe Hälfte seines Lebens nicht im Sozialismus, sondern im Faschismus verbracht. Mutter und

Schwester kamen bei einem Bombenangriff ums Leben, der Vater zog sich zurück und hat den Teenager »der Schule und der Hitlerscheiße völlig ausgeliefert« (DBA, S. 92). Karsch interessiert sich für Achims Erfahrungen und Gefühle in dieser Zeit, aber der Verlag will davon nichts wissen, und auch Achim kommt ihm immer häufiger mit der Aufforderung »das streichen Sie mal« (DBA, z. B. S. 213).

> »Was hier anfing mußte früher begonnen haben, wer inzwischen fünfzehn Jahre gearbeitet hat für unseren Sozialismus muß dazu bereit gewesen sein und geeignet, Veränderung ist möglich aber nicht Vertauschung, wer auf unserer Seite steht muß da längst gestanden haben, der Verteidiger der sozialistischen Ordnung muß es schon gewesen sein zur Zeit der Verbrechen, er war es« (Uwe Johnson: *Das dritte Buch über Achim*, 1961; DBA, S. 122)

Nach zahlreichen Umdeutungen und Kürzungen bleiben von der (durchaus nicht vorbildsozialistischen) Kindheit und Jugend schließlich nur »Kinderspiele, Kinderstreiche, vierzig Seiten zu einer gekürzt« (DBA, S. 237). Karsch ist »bereit das Fehlende zu ersetzen mit der minutengerechten Beschreibung aller Rennen, die Achim je gefahren war« (DBA, S. 220 f.). So kommen Detailstudien über die physischen und physikalischen Vorgänge des Radfahrens in seinen Text (und in den Roman); sie lassen sich – im Gegensatz zum biographierten Individuum – präzise erfassen. Als Achim trotz eines eindeutigen Fotos, das Karsch zugespielt wird, seine Teilnahme am Aufstand des 17. Juni 1953 leugnet, gibt Karsch auf und reist zurück nach Hamburg

Uwe Johnson hatte sich für seinen Roman eigentlich den Titel »Beschreibung einer Beschreibung« gewünscht, weil damit »der Gegenstand und seine Behandlung bezeichnet werden«. Als er mit diesem eher hölzernen Vorschlag beim Verlag auf Widerstand stieß, schlug er den Untertitel »Interview« vor (JUB, S. 132). »Das dritte Buch über Achim« mit der Gattungsbezeichnung »Roman« war nur seine dritte Wahl. Seine ursprünglichen Titelwünsche hätten den Akzent von der Hauptfigur auf die Methode verschoben – und die ist in der Tat ein zentrales

»Beschreibung einer Beschreibung«

Merkmal dieses Textes, in dem das »Erzählen als Vorgang [...] konstitutiver Teil der Geschichte« ist (Helbig 1996, S. 36).

Die Erzählebenen Dabei werden gleich mehrere Zeit- und Erzählebenen ineinandergeschachtelt. Die Karsch-Fabel umfasst einige Monate des Jahres 1960, in denen sich der Hamburger Journalist in der DDR an der Biographie über Achim T. versucht. Daraus ergibt sich die Achim-Fabel, in der die Lebensgeschichte des Sportlers von der Kindheit in den 1930er Jahren bis 1960 fragmentarisch rekonstruiert wird.

Eine dritte Zeitebene beginnt, als Karsch nach Hamburg zurückkommt: Am Abend seiner Rückkehr klingelt das Telefon:

Manuskriptseite » – Wie war es denn? sagtest du« (DBA, S. 300), lautet der vor-
aus Das dritte letzte Satz des Romans. Diese Frage kennt der Leser bereits
Buch über Achim: vom Anfang: Dort unterbricht sie – optisch freigestellt und
Detailarbeit an kursiv gesetzt – als erste Frage dieser Art nach gut drei Seiten
den Fragen den laufenden Text: »*Wie war es denn?*« (DBA, S. 10). Insgesamt 70 solcher Fragen durchziehen den Roman, ohne dass klar wäre, wer sie eigentlich stellt – und ohne dass der Erzähler immer konkret auf sie reagiert. Die Wiederholung der (jetzt in den laufenden Text integrierten) Frage am Ende des Romans weist auf den Anfang zurück und suggeriert, alle Fragen seien Teil eines Telefonats zwischen Karsch und jemandem, der sich nach dessen Reise erkundigt; Karsch wäre dann mit dem Erzähler des Romans gleichzusetzen, der am Telefon von der Reise und seinem Biographieprojekt berichtet. Doch diese Lesart hält der Überprüfung nicht stand. Nachdem auch in der Forschung mehr-

fach versucht wurde, Fragensteller und Erzähler zu identifizieren, ist man sich heute darüber einig, dass sich beide nicht als konsistente Figuren fassen lassen und ihr ›Dialog‹ weder als konkrete Handlungssituation noch als Austausch im Sinne von Rede / Gegenrede konzipiert ist.

Vielmehr bleibt dieser ›Dialog‹ gezielt situationslos und schärft den Blick für den Teil der Geschichte, der sich nicht auf die konkrete Welt der Figuren bezieht. Er kreist oft um Karschs Recherche- und Schreibversuche und öffnet eine neue Ebene für das Thema »Erzählen«: Der Erzähler erzählt, was (und wie) Karsch erzählt; Karsch erzählt, was ihm Achim oder andere erzählt haben – vielstimmiges Erzählen als ›russische Puppe‹. Auf der ›Dialog‹-Ebene des Erzählens werden die Schwierigkeiten reflektiert, an denen Karschs Achim-Biographie scheitert. Schon auf den ersten Seiten – noch vor der ersten kursiven Frage – ist der Erzähler »um Genauigkeit verlegen« (DBA, S. 7 f.) und konkretisiert, »welche Art von Genauigkeit ich meine; ich meine die Grenze: die Entfernung: den Unterschied« (DBA, S. 9). Diese Formulierung wird im allerletzten Satz wie

> »Die Personen sind erfunden. Die Ereignisse beziehen sich nicht auf ähnliche sondern auf die Grenze: den Unterschied: die Entfernung
> und den Versuch sie zu beschreiben.«
> (Uwe Johnson: *Das dritte Buch über Achim* (Romanschluss), 1961; DBA, S. 301)

der aufgegriffen, sodass sich der Kreis zum Anfang ein zweites Mal schließt. An exponierter Stelle wird hier das Kernthema des Romans auf den Punkt gebracht: Im *Dritten Buch über* **Vermessung von** *Achim* wird »die Entfernung« zwischen den beiden deutschen **Unterschieden** Staaten nach 15 Jahren Teilung vermessen.

Karsch »war sicher daß er nichts verstehen werde mit Vergleichen« (DBA, S. 21) und versucht stattdessen »zu unterscheiden wie das wirtschaftliche Gesetz im Aussehen der Straße erschien« (DBA, S. 23), aber das Straßenbild bleibt ihm fremd. Umgekehrt hat auch Achim bei seiner offiziellen Reise in die »westdeutsche Länderunion« das »Gefühl von Ausland« (DBA, S. 281 f.), und schon als er sich im Sommer 1951 von einem FDJ-Treffen heim lich zum Kauf einer Gangschaltung nach Westberlin abgesetzt hatte, »sah [er] alles, […] erriet nichts. Fremde sprachen über Fremdes in fremder Sprache« (DBA, S. 208).

Die Differenz bestimmt die Alltagswahrnehmung auf beiden Seiten. Sie zieht sich bis in die nur scheinbar gemeinsame Sprache, die bloß noch eine »Täuschung von Zusammengehörigkeit« ist (DBA, S. 23), und prägt sogar die Debatte über das Erzählen selbst. Karschs Achim-Biographie wird von seinen **Sozialistischer Realismus** Auftraggebern an den Postulaten des sozialistischen Realismus gemessen und soll die gesellschaftliche Totalität im Sinne des marxistischen Geschichtsbildes widerspiegeln; dies kann nach Auffassung des tonangebenden Literaturtheoretikers Georg Lukács weder mit genauen Beschreibungen noch mit avantgardistischen Formexperimenten gelingen, sondern allein im realistischen Erzählen. Während Karschs Biographie an diesen Vorgaben scheitert, löst Johnson die postulierten Widersprüche mit seinem gelingenden *Achim*-Roman auf, indem er »beschreibend erzählt« (und seinem Buch dabei eine komplexe Auseinandersetzung mit Lukács einschreibt; Helbig 1996).

Je gründlicher Karsch / der Erzähler / der Autor Johnson die Unterschiede vermessen, desto unschärfer wird zwar die Kontur von Achim, desto differenzierter aber gleichzeitig das Bild der DDR-Gesellschaft.

> »Die Spiegel des Romans – und vielleicht ist dies die größte Leistung des Autors – sind so aufgestellt, daß jene Gesellschaft [der DDR] sich selbst darstellt. Das Buch zeigt die Durchdringung von Privatem und Staatlichem in der DDR und gibt ein glaubwürdiges Bild einer Bevölkerung […].« (Walter Jens im Klappentext der Erstausgabe von *Das dritte Buch über Achim*; DBA, 1961)

Wie wenig sich in dieser Gesellschaft Privates und Politisches trennen lassen, kann Karsch an Karin beobachten, die sich den Mund nicht verbieten lässt, etwa als die Landwirtschaft kollektiviert wird. Dafür nimmt sie nicht nur berufliche Repressalien in Kauf, sondern auch private: Ihr Mut zur Meinung entfernt sie von Achim, der sich in seinem »stellvertretende[n] Leben« (DBA, S. 297) eine eigene Meinung gar nicht erst leisten kann. Als Karin realisiert, dass ihr Freund sogar ihr gegenüber seine

Teilnahme am Aufstand des 17. Juni verheimlicht hat, verlässt sie ihn.

Mit seiner doppelten Kreisstruktur, den unterschiedlichen Erzählebenen und der programmatischen Vielstimmigkeit ist *Das dritte Buch über Achim* eine konsequente – und komplexe – Ausdifferenzierung des in *Ingrid* erprobten und in *Jakob* perfektionierten erzählerischen Repertoires.

Veröffentlicht im Herbst 1961 unter dem unmittelbaren Eindruck des Mauerbaus, machte der Roman Furore und zementierte Johnsons Ruf als »Dichter der beiden Deutschland«. Die *Süddeutsche Zeitung* druckte den Text in Fortsetzungen vollständig ab; mit dem Internationalen Verlegerpreis ausgezeichnet, wurde er zudem ein internationaler Erfolg.

Achim international: italienisch, finnisch, japanisch

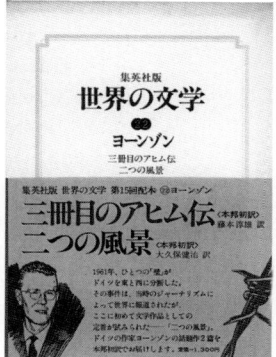

Karsch, und andere Prosa

Nachwort von Walter Maria Guggenheimer. Frankfurt / M.: Suhrkamp 1964

In *Karsch, und andere Prosa* ist Karsch noch einmal eine zentrale Figur: Kern- und Mittelstück des Bandes ist die gut 50-seitige Erzählung *Eine Reise wegwohin, 1960*, die eng mit dem *Dritten Buch über Achim* verwandt ist. Im Aufbau deutlich einfacher als der Roman, wird hier wiederum erzählt, wie Karsch über die Grenze zu Karin fährt und an seiner Achim-Biographie scheitert. Allerdings wird nun auch über »das bittere Nachspiel« seiner Reise berichtet (Norbert Mecklenburg, zit. n. KP,

S. 104): Auch im Westen behindern ideologische Verkrustungen die Arbeit des Journalisten. Während Karschs Zeitung sich über den DDR-Aufenthalt ihres Mitarbeiters einen »Reisebericht in der lockeren, appetitlichen Manier« wünscht (KP, S. 67), schwebt diesem eine sachliche Bestandsaufnahme der politischen und gesellschaftlichen Wirklichkeit jenseits der Grenze vor. Karsch zielt auf politische Anerkennung der DDR und kritisiert die Verlogenheit des westdeutschen Wiedervereinigungsgeredes. Damit macht er sich so verdächtig, dass schließlich seine Wohnung durchsucht und seine Karteikästen beschlagnahmt werden. Am Ende lebt er in Italien, »nach Westdeutschland kriegt man ihn nur zu den nötigsten Fällen, und so nötig ist es gar nicht« (KP, S. 80). – Wer immer nach den ersten Publikationen Uwe Johnsons geglaubt hatte, die Kritik dieses ›Zonenflüchtlings‹ richte sich allein gegen das Land, das er verlassen musste, konnte hier nachlesen, wie gründlich er sich getäuscht hatte.

Ein weiteres Kennzeichen von *Karsch, und andere Prosa* wurde erst nach der posthumen Veröffentlichung von *Ingrid Babendererde* vollständig sichtbar (in Teilen schon nach Johnsons Ausführungen über diesen Erstling in *Begleitumstände*): Die
Vernetzung des Johnson'schen Personals über die Buchdeckel hinweg beginnt mit diesem Prosaband, und zwar nicht allein vom Karsch des Romans zum Karsch der Erzählung. Der hatte sich 1945 nämlich als Deserteur bei den Niebuhrs in Mecklenburg versteckt, wo auch »ein zehnjähriger Junge in Pflege« lebte (KP, S. 54) – jener Klaus Niebuhr, der als Abiturient mit Ingrid Babendererde in den Westen flieht.

In der »anderen Prosa« wird außerdem die Welt der *Mutmassungen über Jakob* weitergesponnen: Die ersten drei – kurzen – Texte des *Karsch*-Bandes kreisen um Gesine Cresspahl. Im beinahe lyrisch verdichteten Prosastück *Osterwasser* wird die 13-Jährige in der unmittelbaren Nachkriegszeit von einem deutschen Soldaten bedroht und von ihrem ›Ziehbruder‹ Jakob gerettet. *Beihilfe zum Umzug* und *Geschenksendung, keine Handelsware* erzählen, wie die erwachsene Gesine vom Westen aus ihre Kontakte nach Jerichow an den Absurditäten der deutsch-deutschen Grenzbestimmungen ausrichten muss.

Werk

Der fünfte und letzte Text des Bandes ist der älteste: *Jonas zum Beispiel* hatte Johnson noch in der DDR geschrieben, eine kurze Parabel über die Aporien des Rechthabens, entwickelt aus der Geschichte des biblischen Jona, der damit hadert, dass Gott die zum Untergang bestimmte Stadt Ninive begnadigt. Wie mit diesem Widerspruch umzugehen ist, bleibt offen – »Wer weiß« (KP, S. 84) sind die letzten Worte des Textes ebenso wie des sorgfältig komponierten Prosabandes, die sich an so exponierter Stelle durchaus auch als Frage an das Johnson'sche Personal lesen lassen.

Zwei Ansichten
Frankfurt / M.: Suhrkamp 1965

Im Vergleich zu seinen Vorgängern ist Uwe Johnsons vierter Roman *Zwei Ansichten* deutlich weniger komplex strukturiert. Erzählt wird die Geschichte einer Flucht von Ost- nach Westberlin unmittelbar nach dem Mauerbau. Die 21-jährige Ostberliner Krankenschwester D. und der 24-jährige holsteinische Fotograf B. haben sich Anfang 1961 in Berlin kennen gelernt und »etwas angefangen«, »eine Liebschaft [...], ein Verhältnis, einen Anfang, [D.] wußte das Wort nicht und nicht warum« (ZA, S. 13). Die flaue Affäre plätschert durch den Sommer und kommt mit dem Bau der Mauer zunächst zum Stillstand: Eine Verabredung in Ostberlin wenige Tage nach dem 13. August 1961 scheitert; jeder denkt, den anderen versetzt zu haben, ohne dem verpassten Wiedersehen ernstlich nachzutrauern. Damit könnte die Affäre beendet sein – aber im Klima der Ost-West-Dramatik treiben beide doch wieder aufeinander zu. B. sieht sich in die Rolle des unglücklich Verliebten gedrängt, »deren Stichworte ihm zugespielt wurden« (ZA, S. 93), D. muss erhebliche Veränderungen ihres privaten und beruflichen Umfelds in Kauf nehmen und wird zunehmend von Gefühlen der Einsamkeit und Sinnlosigkeit geplagt. Schließlich gerät B. durch blanken Zufall in die Nähe einer Fluchthilfeorganisation, die von der Westberliner Kneipe aus agiert, in der er manchmal sein Bier trinkt. Ein sentimentaler Brief mit der Bitte »Komm doch« (ZA, S. 187), den B. im Suff an D. schreibt, wird ohne sein Zutun weitergeleitet. D. reagiert zögernd, ausweichend, unent-

Die Fabel

Uwe Johnson
Zwei Ansichten

Suhrkamp Verlag

schlossen, aber nicht explizit ablehnend – das genügt, um die Fluchthelfer zu aktivieren. Ein erster Versuch missglückt, der zweite gelingt: D. reist als österreichische Touristin F. über Dänemark aus und kommt via Hamburg nach Westberlin. Dort besucht sie B., der nach einem Verkehrsunfall im Krankenhaus liegt, doch im Moment des Wiedersehens haben sich beide nichts mehr zu sagen. D. verspricht zwar, sich B.s »Heiratsantrag zu überlegen«, allerdings nur, weil sie den Patienten nicht aufregen darf. Noch »bevor die Besuchszeit ablief« (ZA, S. 242 f.), bricht sie wieder auf, um sich Arbeit und ein Zimmer zu suchen.

Diese Geschichte einer Flucht, katalysiert von einer bloß eingebildeten Liebe, ist in eine streng symmetrische Form gegossen: Der Text besteht aus zehn Kapiteln, die abwechselnd die ›Ansichten‹ des Westdeutschen B. und der Ostdeutschen D. schildern. So ergeben sich fünf Kapitelpaare, die parallel organisiert sind: Die D.-Kapitel messen nachträglich jeweils dieselbe Zeitspanne aus, die vorher in den B.-Kapiteln erzählt wurde. Das daraus resultierende »hexensticharig[e] Erzählen eines Vor und Zurück« (Klaus 1999, S. 250)

hält den Leser im stetigen Wissensvorsprung D. gegenüber. Dass sie fliehen wird, geht zum Beispiel schon aus einem B.-Kapitel hervor, noch bevor D. überhaupt ahnt, dass sie sich für oder gegen eine Flucht wird entscheiden müssen; der Lektüre ihres quälenden Entscheidungsprozesses ist damit ein Gutteil der Spannung genommen, der Leser kann sich ganz auf die Umstände der Entscheidung konzentrieren. Wie schon in *Ingrid Babendererde* und in *Mutmassungen über Jakob* ist also auch diese Handlung im Wissen um ihren Ausgang zu lesen – allerdings entfaltet sich dieses Wissen in *Zwei Ansichten* (anders als in den Vorgängern) nur schrittweise, von Kapitelpaar zu Kapitelpaar. Obwohl die beiden Erzählstränge streng symmetrisch aufeinander bezogen sind, findet eine echte Wechselbeziehung nicht statt – im Gegenteil: Die Interaktion zwischen den ›zwei Ansichten‹ über die Mauer hinweg bleibt auf ein Minimum beschränkt und wird fast ausschließlich von den im Hintergrund agierenden Fluchthelfern bestritten.

Die Hauptfiguren selbst ergreifen so gut wie nie die Initiative, **Die Hauptfiguren** handeln kaum, entwickeln sich nicht. B. bezieht sein Selbstbewusstsein vom ersten bis zum letzten Kapitel vorwiegend aus seinem Sportwagen, D. ist zu Beginn wie am Ende vor allem an einer ungestörten Privatsphäre interessiert. Auf den Bau der Mauer reagieren beide radikal privat, ohne politisches Bewusstsein für die Vorgänge, die so nachhaltig in ihr Leben eingreifen und denen sie sich hilflos ausgeliefert fühlen.

> »[B.] fühlte sich selbst gekränkt durch die Einsperrung der D. in ihrem Berlin, er hatte eine private Wut auf die Sperrzonen, Minenfelder, Postenketten, Hindernisgräben, Sichtblenden, Stacheldraht, Vermauerung, Schießbefehle und Strafandrohung für den Versuch des Übergangs. So war ihm noch nichts fehlgeschlagen.« (Uwe Johnson: *Zwei Ansichten*, 1965; ZA, S. 25 f.)

> »[D.] hatte unter diesem Staat gelebt wie in einem eigenen Land, zu Hause, im Vertrauen auf offene Zukunft und das Recht, das andere Land zu wählen. Eingesperrt in diesem, fühlte sie sich hintergangen, getäuscht, belogen; das Gefühl war ähnlich dem über eine Kränkung, die man nicht erwidern kann [...].« (Uwe Johnson: *Zwei Ansichten*, 1965; ZA, S. 47)

Außerdem bleiben die Figuren auffällig stumm: Im gesamten Text gibt es nur sehr wenig direkte Rede, Dialogsituationen werden bestenfalls fragmentarisch wiedergegeben (und bleiben gerade an ihren spannendsten Stellen lückenhaft, etwa wenn es um die konkreten Details der Fluchthilfe geht).

Nicht zuletzt die Reduktion der Namen ist ein wichtiges Merkmal dieser Figuren: Über ihre Initialen B. und D. kommen die Protagonisten (in diesem Buch) nicht hinaus, wie überhaupt Vgl. S. 125 in *Zwei Ansichten* keine einzige Figur einen vollen Namen trägt.

Also eine Liebesgeschichte ohne Liebe, eine Fluchtgeschichte ohne Spannung, ein Buch mit blassen Durchschnittsfiguren? –

Ja. Und nein. Gerade aus der tendenziellen Leblosigkeit der Figuren und der hart gegeneinander geschnittenen ›Ansichten‹ entsteht ein beklemmendes, dichtes Bild der geteilten Stadt Berlin kurz nach dem Mauerbau, eine schonungslose Diagnose der deutsch-deutschen Erstarrungen im Kalten Krieg.

Zwei Ansichten waren ein hochaktuelles Buch. Es wurde im Herbst 1965 in der *Frankfurter Allgemeinen Zeitung* vorabgedruckt und erlebte noch im Erscheinungsjahr seine dritte Auflage. Doch die bundesrepublikanische Kritik zeigte sich verhalten. Von der streng symmetrischen Konstruktion schloss man darauf, auch die dargestellten Vorgänge seien nicht mehr vom »berühmten Johnsonschen Nebel verdeckt« (Reich-Ranicki 1965, S. 158). Die weniger komplexe Struktur wertete man tendenziell als Rückfall hinter die ästhetischen Positionen des *Jakob-* und des *Achim*-Romans. Die Farblosigkeit der Figuren nahm man vor allem am westdeutschen B. wahr, den man als Repräsentanten der Bundesrepublik verstand – und von dem man sich keinesfalls repräsentiert wissen wollte. Weil man dessen Unzulänglichkeiten der mangelnden West-Erfahrung des Autors zuschrieb, unterstellte man im Gegenzug der ostdeutschen D. eine Lebendigkeit, die sie bei genauer Betrachtung gar nicht besitzt. Kurz: Die Kritik zeigte sich enttäuscht von ihrem »Dichter der beiden Deutschland«.

Auch in der Forschung galten *Zwei Ansichten* lange als Johnsons schwächstes Buch und wurden allein auf der deutsch-deutschen Folie gelesen – die zweifelsohne eine wichtige Dimension des Textes ist, aber keineswegs ihre einzige. Das hatte seinerzeit schon Reinhard Baumgart erkannt, als er darauf hinwies, dass Johnson »ein Erzähler von Zuständen der Trennung, der Fremdheit schlechthin ist, daß ihm die ›beiden Deutschland‹ nur das nächstliegende, aktuellste Modell liefern. Eine Schwester aus Bethel, ein Photograph aus Schwabing hätten sowenig Chancen zueinanderzukommen wie diese B. und D.« (Baumgart 1965, S. 128)

Diese überzeitliche Dimension der Fremdheit nimmt die Forschung erst in jüngster Zeit in den Blick: Mit Hinweis auf Franz Kafka und seinen K. wird vorgeschlagen, *Zwei Ansichten* »als Parabel auf die allgemeine Entfremdungstendenz in der

Verhaltene Reaktionen

Neuere Forschung

Werk

Modernen Welt zu lesen« (Gillett / Köhler 2006, S. 298). Mit Hinweis auf Walter Benjamin wird gefragt, ob *Zwei Ansichten* ein »allegorisches, ein melancholisches Bild einer blinden, beklemmenden, dumpfen Gesellschaft ohne Zukunft« zeichnen (Bond 2009, S. 19). Kurz: Es wird überprüft, ob dieser Text eine Relevanz besitzt, die vor lauter Fixierung auf Deutsch-Deutsches lange gar nicht gesehen wurde.

Aufsätze und Fernsehkritiken

Berliner Sachen. Aufsätze. Frankfurt / M.: Suhrkamp 1975 – *Der 5. Kanal.* Frankfurt / M.: Suhrkamp 1987

Die Fluchthelfer und ihre Westberliner Kneipe, die in *Zwei Ansichten* im Hintergrund agieren, stehen in *Eine Kneipe geht verloren* (1965) im Zentrum: Hatte der Preis für die erste organisierte »Reise« nach dem Mauerbau noch »umgerechnet werden können auf eine Schachtel Zigaretten«, so ist er »ab Nummer 400« schon halb so teuer wie ein »Serienwagen der Mittelklasse« (BS, S. 84 f.). Verhaftungen häufen sich, kommerzielle Fluchthelfer erschweren die Arbeit, Undankbare verraten nach geglückter Flucht ihren Fluchtweg oder erstatten die Kosten nicht. Als es schließlich für einen »Holsteiner« eine gewisse »Krankenschwester« (BS, S. 82, 88) aus Ostberlin zu holen gilt, muss zur Kostendeckung das Lokal verkauft werden. Die Kneipe ist verloren, und nicht nur sie: »Vorbei, erledigt, historisch war das Tatmotiv, die Hilfe für den Nächsten« (BS, S. 94), gescheitert an Eigennutz, Geldgier, Nachlässigkeit. Wie *Eine Reise wegwohin* einen kritischen Blick auf das westdeutsche Leben von Karsch wirft, das im *Achim*-Roman nur am Rande vorkommt, so bietet die *Kneipe* einen zornigen Blick auf die schwierigen Umstände der Fluchthilfe, die Uwe Johnson minutiös recherchiert hatte, die in *Zwei Ansichten* aber im Schatten bleiben. Der jüngst publizierte Band *Ich wollte keine Frage ausgelassen haben* (2010) enthält Transkriptionen der lange verschollen geglaubten Tonbänder, auf denen Johnson seine 1963 / 64 geführten Gespräche mit Fluchthelfern festgehalten hatte; hier ist auch die *Kneipe* wieder abgedruckt, sodass sie nun im Kontext ihres unmittelbaren historischen Hintergrunds gelesen werden kann.

Eine Kneipe geht verloren

Berliner Sachen   Im Aufsatz-Band *Berliner Sachen*, dessen Texte fast alle zwischen 1961 und 1970 bereits verstreut veröffentlicht waren, bildet die *Kneipe* das umfangreiche Mittelstück. Der Text *Berliner*
Vgl. S. 118 f.   *Stadtbahn* über die »Schwierigkeiten, die mich hinderten einen Stadtbahnhof in Berlin zu beschreiben« (BS, S. 7), eröffnet den Band. Das Problem: Der Bahnhof ist von der deutsch-deutschen Grenze zerschnitten, die ihrerseits steht für die »Grenze zwischen den beiden Ordnungen, nach denen heute in der Welt gelebt werden kann« (BS, S. 10). »Die Grenze zerlegt den Begriff« (BS, S. 8). Gerade in der theoretischen Reflexion dieses Problems gelingt die Beschreibung des Bahnhofs trotzdem. Weil der Text noch vor dem Bau der Mauer geschrieben wurde, der die Situation grundlegend verändert hat, trägt er den Zusatz *(veraltet)*.

Es folgen drei Texte, mit denen Johnson sich in den ideologisch
Vgl. S. 35   geführten Streit über die Berliner S-Bahn eingemischt hatte, außerdem die *Rede zum Bußtag* – eine seltene Stellungnahme Johnsons zur Kirche (speziell zu derjenigen in seiner Berliner Straße) – sowie der *Versuch eine Mentalität zu erklären* – ein so präziser wie emotional dichter Text über die politischen Enttäuschungen von DDR-Flüchtlingen. Nach dem Herzstück der *Kneipe* ändert sich dann die Blickrichtung. Zwei Texte sind
Vgl. S. 42 f.   jeweils auf Deutsch *und* Englisch abgedruckt: *Über eine Haltung des Protestierens* ist Johnsons zornige Kritik aus New York an den deutschen Intellektuellen; *Berlin für ein zuziehendes Kind* ist der Versuch, nach zwei Jahren in New York die Stadt zu erklären, in die man gerade zurückkehrt; und *Vergebliche Verabredung mit V. K.* schildert (jetzt wieder ›nur‹ auf deutsch) ein verfehltes Treffen in ebendieser Stadt. *Im Gespräch mit einem Hamburger* werden schließlich Gründe gesucht, »warum ich in Berlin bleibe« (BS, S. 108).

Diese 13 Texte sehr unterschiedlicher Länge und Art sind sorgfältig zu einem Band arrangiert. Nicht alle kreisen um Berlin, nicht einmal alle unmittelbar um Deutsch-Deutsches, aber alle kreisen um »die Möglichkeit und Unmöglichkeit des Dialogs« und sind auch untereinander »als Dialog strukturiert« (Gillett 2000, S. 22) – als Einladung zum Gespräch über und gegen die Sprachlosigkeit des geteilten Berlin, das nicht verstummen darf.

> »[Das] Buch [...] beginnt mit einer Ansprache (›Erlauben Sie mir‹, BS, S. 7) und endet mit den Worten ›Danke für das Gespräch‹ (BS, S. 110), die [...] extra für die Buchveröffentlichung dazugeschrieben wurden.« (Robert Gillett: *Das soll Berlin sein. Einladung zu einem wenig beachteten Buch*, 2000, S. 22 f.)

Die Kritiken über Sendungen des DDR-Fernsehens, mit denen Johnson 1964 ebenfalls gegen die deutsch-deutsche Sprachlosigkeit angeschrieben hatte, wurden posthum im Band *Der 5. Kanal* veröffentlicht. Die besprochenen Sendungen reichen vom *Schwarzen Kanal* bis zum *Sandmännchen*, von den Nachrichten bis zum Krimi, von der Reportage bis zum Quiz. Johnson warb beim westdeutschen Publikum für Interesse an den Lebensverhältnissen in der DDR. Dabei achtete er zwar auf Vielfalt, sein historischpolitisches Interesse bildet dennoch einen erkennbaren Schwerpunkt. Zum dritten Jahrestag des Mauerbaus erlaubte er sich einen subtilen Jux: Unter dem Titel *Spaß am Mittwoch* rezensierte er den Beatles-Film *Yeah! Yeah! Yeah!*, der angeblich am 13. August 1964 von Adlershof ausgestrahlt worden sei – eine überaus kühne Vorstellung in der DDR der 1960er Jahre! Dass der

Der 5. Kanal, vgl. S. 36

The Beatles: *Yeah! Yeah! Yeah!* Filmplakat, 1964

> »[...] die [...] Fernsehanstalt Adlershof [...] setzte am Mittwochabend vor die Kamera einen bärtigen jungen Ansager, der finsteren Blickes eine Überraschung ankündigte, nämlich Leute mit heiklen Frisuren, und mürrisch setzte er hinzu: Übrigens singen die auch so Sachen.« (Uwe Johnson: *Spaß am Mittwoch*, Fernsehkritik für den *Tagesspiegel* vom 14. August 1964; 5K, S. 79)

Tagesspiegel auch diese ›Rezension‹ druckte, zeugt entweder von Humor oder – wahrscheinlicher und trauriger – von nachlässigem Interesse für das, was Johnson täglich an Einblick in die DDR lieferte.

Jahrestage. Aus dem Leben von Gesine Cresspahl

Frankfurt / M.: Suhrkamp 1970, 1971, 1973, 1983

Über 15 Jahre Arbeit, 13 Jahre zwischen der Veröffentlichung des ersten und des letzten Bandes, am Ende ein vierbändiger Roman von knapp 2.000 Seiten mit mehr als 500 Figuren und gut 125 Orten – Uwe Johnsons *Jahrestage* sind in vielerlei Hinsicht ein Opus magnum und zweifelsohne das Hauptwerk des Autors. Dabei sind sie »ein einziges Buch, das in Fortsetzungen abgeliefert« wurde (Johnson zit. n. Durzak 1976, S. 456): ein Buch ›aus einem Guss‹, keine Tetralogie, die eine relative Eigenständigkeit der einzelnen Bände erlauben würde.

> »[...] die eine Ebene: Das sind die Tage eines Jahres, Tage einer Angestellten in New York City [...]. Die andere Ebene ist eben die herkömmliche des Wortes ›Jahrestage‹: Es wiederholt sich etwas, es kommt etwas wieder, jedenfalls in der Erinnerung, und das kommt aus einem Antrieb, der Mrs. Cresspahl befällt [...] wie andere Leute, die über Dreißig sind. [...] man beginnt dann, sich zu fragen, was war eigentlich bis jetzt: Woher komme ich, und was hat mich zu dem gemacht, was ich bin.« (Uwe Johnson: *Einführung in die »Jahrestage«*, 1978; EJT, S. 25)

Das erzählerische Grundgerüst
Der Titel eröffnet den Blick auf das Grundgerüst: Erzählt wird ein Jahr New Yorker Alltag *Aus dem Leben von Gesine Cresspahl* von Tag zu Tag; im Rückblick wird auch ihre mecklenburgische Familiengeschichte von 1920 bis zur erzählten Gegenwart des Jahres 1967 / 68 rekonstruiert. Der Roman umfasst 366 Tageskapitel vom 21. August 1967 bis zum 20. August 1968, außerdem ein undatiertes erstes Kapitel sowie einen Anhang am Ende des zweiten Bandes.

Die 34-jährige Gesine Cresspahl, eine der Hauptfiguren aus *Mutmassungen über Jakob*, ist 1961 nach New York gekommen und lebt jetzt mit ihrer zehnjährigen Tochter Marie am Riverside Drive in Manhattan; Maries Vater ist der 1956 verstorbene Jakob Abs der *Mutmassungen*. Inzwischen ist Gesine mit dem Mecklenburger Dietrich Erichson, genannt D. E., befreundet, der in New Jersey wohnt und einst dieselbe Schule besuchte wie Ingrid Babendererde (in einer frühen *Ingrid*-Fassung fungierte er als Erzähler). Er arbeitet für die US-Luftwaf-

Gegenwart in New York

fe und möchte Gesine heiraten, kommt aber am Ende des erzählten Jahres bei einem Flugzeugabsturz ums Leben. Gesine ist Bankangestellte in Midtown Manhattan, Marie besucht eine katholische Privatschule. Auf der Gegenwartsebene des Romans wird das New Yorker Leben der kleinen Familie mit viel Liebe zum Detail erzählt: ihr Umfeld an der Upper Westside, ihr Arbeits- und Schulalltag, ihre Samstagsausflüge auf der South Ferry, ihre Besuche im Schwimmbad, ihre Freuden, Sorgen und Gespräche, ihre Freunde, Nachbarn und Bekannten. Wichtiger Bestandteil des Alltags ist die Lektüre der *New York Times*, mit der Gesine »zu Gange und zu Hause [ist] wie mit einer Person« (JT, S. 15) und die sie liebevoll-nachsichtig »Tante Times« nennt (JT, S. 75). Mit der Zeitungslektüre kommt die Tagespolitik in den Roman: vom Vietnamkrieg bis zur Ermordung Robert F. Kennedys

Januar 1968

Chronologisches Schema für *Jahrestage*

(für dessen Beerdigung Marie sich sogar einen Fernseher leiht), vom vereitelten »Pudding-Attentat« der Kommune 1 in Berlin bis zum Reformsozialismus Alexander Dubčeks in Prag. Über solche Nachrichten, die manchmal zitiert, überwiegend aber aus der Perspektive Gesines paraphrasiert, reflektiert und kommentiert werden, wird die fiktive Welt eng an die Realität gebunden. Auch die exakt beschriebene, nachprüfbare Topographie New Yorks trägt zu diesem Realitätseffekt bei.

»Tante Times«

Ein anderer wesentlicher Bestandteil des New Yorker Alltags sind die Gespräche über die Vergangenheit: »Marie besteht darauf, daß ich ihr weiter erzähle wie es gewesen sein mag, als Großmutter den Großvater nahm« (JT, S. 143), erklärt Gesine D. E. Auf diese Weise ist die Vergangenheitsebene des Romans motiviert, auf der die Familiengeschichte der Cresspahls erzählt wird. Dabei nimmt der Dialog zwischen Gesine und Marie eine zentrale Stellung ein, doch ist die dialogische Grundstruktur der *Jahrestage* damit nicht annähernd umrissen. Sie schließt auch kursiv gesetzte Gedankendialoge mit ein, denn Gesine hört »Stimmen« und führt »imaginär[e] Gespräche« mit den Toten (JT, S.1539) (etwa mit ihren Eltern) wie mit den Lebenden (etwa mit D. E., Marie oder ihrem Chef). Und sie kommuniziert mit dem »Genossen Schriftsteller«, den sie Anfang 1967 als »Schriftsteller Uwe Johnson« (JT, S.253) bei einem Vortrag kennen lernte und mit dem sie einen »Vertrag« über das zu erzählende Jahr geschlossen hat.

Erzählen im Dialog

> »*Wer erzählt hier eigentlich, Gesine.*
> *Wir beide. Das hörst du doch, Johnson.*«
> (Uwe Johnson: *Jahrestage*, 1970; JT, S.256)

> »*Ein Jahr hab ich dir gegeben. So unser Vertrag. Nun beschreibe das Jahr.*
> *Und was vor dem Jahr war.*
> *Keine Ausflüchte!*
> *Wie es kam zu dem Jahr.*
> *[...]*
> *Soll es denn doch ein Tagebuch werden?*
> *Nein. Nie. Ich halt mich an den Vertrag.*«
> (Uwe Johnson: *Jahrestage*, 1983; JT, S.1426 f.)

Gesine erlebt und erinnert sich, liest Zeitung und erzählt von ihrer Kindheit, der Genosse Schriftsteller bringt alles in eine literarische Form – das ist die Basisfiktion der *Jahrestage*, und sie öffnet den Roman für eine enorm flexible Erzählsituation, die sich gar nicht durchgängig fixieren lässt. Der Genosse Schriftsteller verfügt über Innensicht in eine Vielzahl von Figuren, er kann zwischen den Erzählebenen und Perspektiven schalten und walten, er kann von Gesines Ich-Erzählung jederzeit in die dritte Person wechseln – nicht selten unvermittelt mitten im Satz. Nicht nur auf der Gegenwartsebene ist er erkennbar derjenige, der den Stoff gestaltet, sondern auch auf der Vergangenheitsebene, die durch den Dialog zwischen Mutter und Tochter zwar motiviert, nicht aber hinreichend beschrieben ist.

Ausgangspunkt für die Vergangenheitsebene ist der August 1931, in dem Gesines Eltern sich kennen lernten: Der 43-jährige mecklenburgische Kunsttischler Heinrich Cresspahl, der seit Jahren im Ausland lebt und eine Werkstatt in Richmond bei London hat, verliebt sich in die 18 Jahre jüngere Lisbeth Papenbrock aus Jerichow. Nach der Hochzeit lebt das Paar in Richmond, aber Lisbeth leidet unter Heimweh und kehrt Anfang 1933 zur Geburt der Tochter nach Deutschland zurück, wo Hitler seit dem 30. Januar Reichskanzler ist. Obgleich Lisbeth sehr wohl registriert, wie sich das Land verändert, und den Boykott gegen Juden in ihrem unmittelbaren Umfeld erlebt, kann sie sich nicht durchringen, wieder nach England zu gehen. Deshalb zieht Cresspahl, der nach Gesines Geburt von Richmond aus »acht Monate von außen zusehen [konnte], wie die Nazis ihren Staat einrichteten« (JT, S. 348), schließlich nach Jerichow, wo der alte Papenbrock Gesine ein Haus geschenkt hat. Cresspahls »Kind sollte in England aufwachsen. Es ist nur, daß er es dann bei den Nazis ließ.« (JT, S. 391)

Das Leben der Cresspahls in Jerichow wird (mit Rückgriffen bis in die Zeit des Kapp-Putsches von 1920) mit historischer Genauigkeit erzählt und in eine reich figurierte, detailliert gezeichnete Provinzgesellschaft eingebettet. Je deutlicher Hitlers Unrechtsstaat sein wahres Gesicht zeigt und je klarer die Kriegsvorbereitungen zutage treten, desto tiefer verstrickt sich Lisbeth in einen Schuldkomplex, der wesentlich von ihrem wachsenden religiösen Wahn geprägt ist und der sie in einen immer tieferen Konflikt zwischen »den Lehren der Kirche« und »den Anforderungen der Nazis« stürzt (JT, S. 525). Um ihrer Mitschuld zu entkommen, unternimmt sie zwei Selbstmordversuche und will außerdem ihrer Tochter Gesine »mit Leiden Gutes tun« (JT, S. 693), indem sie sie hungern und einmal fast in der Regentonne ertrinken lässt. Nachdem Lisbeth am 9. November 1938 Augenzeugin der mörderischen Judenpogrome geworden ist, ohrfeigt sie Jerichows Bürgermeister in aller Öffentlichkeit und kommt noch in derselben Nacht bei einem Brand in Cresspahls Werkstatt ums Leben.

Cresspahl holt der fünfjährigen Gesine zunächst wechselnde Erzieherinnen ins Haus, erzieht sie dann aber selbst und bringt

Vergangenheit in Mecklenburg

Werk

ihr bei: »Es ist nicht schlecht zu lügen; solange die Wahrheit ge-
schützt wird« (JT, S. 856) – er spioniert für die Engländer und
versucht, seine mitwissende Tochter zu schützen. Die Kriegs-
sommer erlebt Gesine bei der Familie von Lisbeths Schwester
Hilde Paepcke auf dem Fischland an der Ostsee.

Als der Krieg zu Ende ist, ist Gesine zwölf. Die Paepckes sind
im Bombenhagel umgekommen, Cresspahl hat zahlreiche
Flüchtlinge aufgenommen. Unter der Willkür des sowjetischen
Stadtkommandanten wird er zunächst Bürgermeister von Jerichow, dann aber im Oktober 1945 interniert. Er bleibt zwei-
einhalb Jahre in sowjetischer Haft, Gesine muss derweil eltern-
los zurechtkommen, aber nicht allein: Die Flüchtlinge Marie
Abs und ihr 17-jähriger Sohn Jakob aus Pommern sind in Cresspahls Haus geblieben und kümmern sich um sie. Gesine verliebt sich in den fünf Jahre älteren Jakob, der in ihr jedoch eher
die kleine Schwester sieht.

Als Cresspahl im Mai 1948 wieder nach Hause kommt, kann
jeder sehen, dass Gesine »ihren Vater kaputt zurückbekommen
hatte, reinweg krank« (JT, S. 1516). Das Leben in Jerichow hat
sich unter den Sowjets so grundlegend verändert, dass Cresspahl »einen Schnellkurs in den Sachen« benötigt, »die [er] seit
dem Herbst 1945 verpaßt hatte« (JT, S. 1514).

Als Gesine 1952 Abitur macht, ist die DDR knapp drei Jahre alt
und hat ihr wahres Gesicht längst gezeigt: Gesine hat die ideologischen Absurditäten des Unterrichts ertragen und ihre besten
Lehrer aus politischen Gründen verloren. Sie hat Spitzeleien in

Seine Aus-
schnittsammlung
aus der *New York
Times* verwahrte
Johnson in Leitz-
Ordnern ...

der Klasse ebenso erlebt wie Schauprozesse gegen Mitschüler. Sie wurde wegen verbotener Flugblätter verhört und war zehn Tage in Stasi-Haft, als gegen ihren Schulfreund Lockenvitz ein Prozess vorbereitet wurde. Sie musste mit ansehen, wie Lockenvitz zu 15 Jahren Zuchthaus verurteilt wurde und wie ihr Freund »Pius« Pagenkopf sich zur bewaffneten Volkspolizei meldete.

Während des Volksaufstands vom 17. Juni 1953 ist Gesine zufällig in Westberlin. Die gewaltsame Niederschlagung ist zu viel für sie, und sie kehrt nicht mehr in die DDR zurück. Sie hängt das Anglistik-Studium, das sie in Halle begonnen hatte, an den Nagel, besucht stattdessen eine Dolmetscherschule am Rhein und arbeitet schließlich als diplomierte Übersetzerin bei der NATO in Düsseldorf. Ihre Liebesbeziehung zu Jakob Abs im Herbst 1956, aus der die Tochter Marie hervorgeht, bleibt die zentrale Leerstelle der *Jahrestage*: Sie wird in den *Mutmassungen über Jakob* erzählt. Als Gesine 1961 nach New York geht, ist es der »Katze« gelungen, »den eigenen Schwanz zu fangen« (BU, S. 416): Die Vergangenheitsebene der *Jahrestage* beginnt, die Gegenwartsebene einzuholen.

... und sortierte sie nach einem thematischen Register

Durch ein knappes halbes Jahrhundert deutscher Geschichte führt Uwe Johnson die Familie Cresspahl mit dokumentarisch abgesicherter, historischer Präzision. Dabei beschränkt er sich nicht auf die Integration von *New York Times*-Artikeln, die er selbst gesammelt und nach Themen archiviert hatte. Sowohl für die Gegenwarts- als auch für die Vergangenheitsebene hat er unzählige weitere »mündliche und schriftliche, private und öffentlich zugängliche Quellen [...] aufgespürt und genutzt« – vom Telefonbuch bis zur historischen Spezialstudie, vom Zeitungsartikel bis zur Zeitzeugenbefragung. Dieses dokumentarische Material ist sorgfältig in die *Jahrestage* eingearbeitet, geht aber nicht gänzlich in der Fiktion auf, »sondern bleibt teilwei-

Dokumentarisches Erzählen

se als eingeblendete ›fremde Stimme‹ erkennbar« (Mecklenburg 1997, S. 255). So wird der Realitätseffekt der erfundenen Welt gestützt, ohne die Differenz zwischen Fiktion und Realität einzuebnen.

Die Unmöglichkeit, »abseits der Zeitgeschichte zu leben«, wird in der reich figurierten *Jahrestage*-Welt in vielfältigen Varianten ausgeleuchtet, derweil die Hauptfigur Gesine Cresspahl an der Bürde eines historisch und politisch bewussten Lebens schwer zu tragen hat. Ihr Anspruch, »*Bescheid zu lernen. Wenigstens mit Kenntnis zu leben*« (JT, S. 209 f.), bedeutet nicht nur in der amerikanischen Gegenwart von Vietnamkrieg und Rassenunruhen eine enorme Herausforderung, sondern prägt

Erinnerung als Trauerarbeit ihr Bewusstsein bis in ihre Erinnerungsarbeit, die ganz wesentlich eine Trauerarbeit ist. Ein Foto aus dem Konzentrationslager Bergen-Belsen führte der Zwölfjährigen nach dem Krieg als »Schockmittel« vor Augen, dass sie »das Kind eines Vaters [ist], der von der planmäßigen Ermordung der Juden gewußt hat« (JT, S. 232). Im Wissen um die Shoah versucht die 34-Jährige, sich ihre Kindheitserinnerungen neu zu erarbeiten – auch die glücklichen, etwa diejenigen an die Sommerferien bei Paepckes auf dem Fischland.

> »Heute weiß ich, daß die Ferien von anderer Art waren.
> Nicht weit von Althagen [...] war das Konzentrationslager Barth.
> [...]. Wir wußten es nicht. [...]. Heute weiß ich es.«
> (Uwe Johnson: *Jahrestage*, 1971; JT, S. 955)

Das erfordert viel Willenskraft, darüber hinaus macht es Arbeit, denn über die – für Johnson-Leser sprichwörtlich gewordene – »Katze Erinnerung« lässt sich nicht nach Belieben verfügen.

> »– Die Katze Erinnerung, wie du sagst.
> – Ja. Unabhängig, unbestechlich, ungehorsam. Und doch ein wohltuender Geselle, wenn sie sich zeigt, selbst wenn sie sich unerreichbar hält.«
> (Uwe Johnson: *Jahrestage*, 1971; JT, S. 670)

Erinnerung und Erfindung Vielmehr bleibt die Erinnerung lückenhaft und vor allem unzuverlässig, denn gegen die »Tricks der Erinnerung« (JT, S. 125) ist auch die reflektierte Gesine nicht gefeit. Über Erinnerung allein lässt sich Vergangenheit nicht rekonstruieren, sie muss im Erzählen mit Fakten und Wahrscheinlichkeiten angereichert werden. »Was dir fehlt beim Erzählen, füllst du auf mit anderem, und ich glaube es doch« (JT, S. 670), sagt Marie einmal zu ihrer Mutter und bringt damit auf den Punkt, was auf nahezu allen Dialogebenen des Romans verhandelt wird: Ob in Gesines Gesprächen mit Marie, dem Genossen Schriftsteller, den »Stimmen« der Toten – immer wieder wird die Spannung zwischen Erinnerung und Erfindung, zwischen Realität und Fiktion, zwischen Recherche und Rekonstruktion ausgelotet. Auf diese Weise wird das Erzählen selbst ein zentrales Thema der *Jahrestage*.

»Die Katze Erinnerung« – Diese polynesische Holzskulptur schenkte Margret Boveri Uwe Johnson

Das Hintergrundwissen, das Gesine für ihre Erinnerungsarbeit braucht, stellt oft der Genosse Schriftsteller zur Verfügung, mitunter recherchiert sie es auch selbst, zum Beispiel, als sie schon auf der ersten Seite des Romans eine Anfrage in Mecklenburg stellt, ab wann Juden an der Ostsee bei Jerichow nicht mehr erwünscht waren. Sie kommt auf diese Frage beim Spaziergang an der Küste New Jerseys, wo »Neger […] nicht Häuser kaufen oder Wohnungen mieten oder liegen [sollen] in dem weißen grobkörnigen Sand« (JT, S. 7). Es ist typisch für die Komposition des Romans, wie hier über die Raumwahrnehmung und einen thematischen Bezug die Handlungsebenen New York und Jerichow assoziativ miteinander verzahnt werden, ohne in plumper Analogie aufzugehen. Vielmehr bleiben im »verfremdenden Nebeneinanderstellen von faschistischem und kommunistischem Totalitarismus, Hitler- und Vietnamkrieg, Rassismus im Nazi-Staat und Rassismus in den USA« (Mecklenburg 1997, S. 313) bei allem Beziehungsreichtum gerade die Differenzen gewahrt.

Verzahnung der Ebenen

Gleichzeitig wird die Unhintergehbarkeit von Geschichte akzentuiert: Gesines Verhalten ist nicht nur in der Erinnerungsarbeit, sondern auch im New York der Gegenwart von der deutschen Schuld geprägt. Ihr Umgang mit jüdischen Immigranten – etwa mit der osteuropäischen Mrs. Ferwalter, die Auschwitz

Die deutsche Schuld

überlebt hat, oder mit Mrs. Blumenroth, deren Vater von den Deutschen umgebracht wurde – ist um historisches Bewusstsein bemüht und gerade deshalb von Befangenheit und tiefer Scham gezeichnet. Nicht umsonst hat man in der Forschung

> »Den Versuch, ein ganzes Leben zu beschreiben [...], der Verfasser hätte ihn mit vielen anderen seiner Personen unternehmen dürfen. Er hat sich auf diese eine eingelassen auch unter dem Vorbehalt, daß sie an den Verbrechen der Deutschen gegen die Juden noch beteiligt ist, und sei es als Angehörige der Kindgeneration nach der schuldigen, und weil er ihre Ratlosigkeit gegenüber der so genannten ›jüdischen Frage‹ begreift [...]. Sie hat durch das Leben im Ausland annehmen müssen, daß die Deutschen noch auf Dekaden hinaus in den Augen der anderen Völker gemessen werden auf ihre Distanz zum versuchten Genozid an den Juden, und der Verfasser hält diese ihre Einsicht für eine, die er unter die Leute zu bringen hat.« (Uwe Johnson: *Büchner-Preis-Rede*, 23. Oktober 1971; GBP, S. 223)

Auschwitz ein »geheimes Zentrum der historischen Topographie der *Jahrestage*« genannt und die Tatsache, dass die »Problematik eines Erzählens [...] *von* Auschwitz [...] gelöst und zugleich als unlösbar gegenwärtig gehalten wird«, als eine der großen erzählerischen Leistungen Johnsons erkannt (Mecklenburg 1997, S. 307, 301).

Ein weiterer thematischer Kern der *Jahrestage* (wie des Johnson'schen Werks überhaupt) ist die Utopie des Sozialismus und deren Verrat. Die Hoffnung auf einen menschenwürdigen Sozialismus wird systematisch enttäuscht, je offener die junge DDR auf der Vergangenheitsebene ihr Gesicht zeigt, sie gewinnt aber neuen Auftrieb, je klarer der politische Wandel in der ČSSR der Gegenwartsebene zutage tritt. Schon eine der ersten *New York Times*-Meldungen in *Jahrestage* verweist auf Prag (JT, S. 11), und als Alexander Dubček im Januar 1968 beginnt, einen demokratischen »Sozialismus mit menschlichem Antlitz« umzusetzen, verfolgt Gesine diese Nachrichten aufmerksam. In der vierten Woche des erzählten Jahres muss sie »*Überstunden für die Übersetzung eines Briefes aus Prag*« leisten (JT, S. 84),

»Prager Frühling«

Werk

nach einem Vierteljahr lernt sie Tschechisch und wird in der »Haltung der Bank zu Krediten an Länder Osteuropas« unterwiesen (JT, S. 466). Sie soll im August 1968 für die Bank nach Prag reisen, sie will sich einsetzen »für die Verbesserung ihres Sozialismus, an dem sie seit Kindeszeiten hing« (IüG, S. 69). Die kalendarische Struktur nimmt das Scheitern dieser Mission allerdings vorweg, denn sie gibt vor, dass der Roman am 20. August 1968 endet – am Tag, an dessen Ende die Truppen des Warschauer Paktes den »Prager Frühling« gewaltsam niederschlugen. So kann der Leser früh ahnen, worauf Gesines Engagement hinausläuft. Die eigentliche Zerstörung der Hoffnung bleibt eine wirkungsvoll gestaltete Lücke: Das Buch endet mit einem kraftvollen poetischen Schlussbild, wenige Stunden bevor die Panzer rollen, als Gesine und Marie auf der Reise nach Prag beim Zwischenstopp an der dänischen Küste auf Gesines alten Englischlehrer treffen.

> »Beim Gehen an der See gerieten wir ins Wasser. Rasselnde Kiesel um die Knöchel. Wir hielten einander an den Händen: ein Kind; ein Mann unterwegs an den Ort wo die Toten sind; und sie, das Kind das ich war.« (Uwe Johnson: *Jahrestage* (Romanschluss), 1983; JT, S. 1891)

Uwe Johnsons *Jahrestage* sind ein unendlich reicher Roman von großer poetischer Schönheit und enormer sprachlicher Kraft. Sie sind Familienroman, Gesellschaftsroman, Provinzroman, Schulroman, Heimatroman, Großstadtroman, historischer Roman und Zeitroman. Vom jüdischen Provinz-Tierarzt bis zum New Yorker Hausmeister wird ein so umfangreiches wie vielseitiges Personal vor dem Auge des Lesers lebendig. Von der atmosphärischen Landschaftsbeschreibung bis zur architekturgeschichtlichen Skizze werden die Schauplätze detailliert gezeichnet. Vom Zeitungsartikel bis zum Brief, vom Gedankendialog bis zum epischen Bericht finden die unterschiedlichsten Textsorten und Erzählweisen Platz in der kalendarischen Struktur des Romans. *Jahrestage* sind ein im besten Wortsinn »unauslesbare[s] Werk« (Mecklenburg 1997, S. 410), das sich auf vielen Ebenen lesen und dabei immer wieder neu entdecken lässt. Nicht zufällig gibt es gleich drei ›Meta-Texte‹ zum Buch,

Ein unauslesbares Buch

die den Leser bei seinen Entdeckungsreisen durch den Roman begleiten wollen.

Anhang Den 18-seitigen »Anhang« »Mit den Augen Cresspahls« am Ende des zweiten Bandes hat Johnson auf Bitten von Siegfried Unseld als Personenregister zusammengestellt. Der 61-jährige Heinrich Cresspahl kommentiert darin im Jahr 1949 Personen der Jerichow-Welt aus seiner Sicht, sodass Gesines Perspektive ergänzt, korrigiert, erweitert wird.

Kleines Parallel zum vierten Band erschien 1983 ein *Kleines Adreßbuch*
Adreßbuch *für Jerichow und New York.* Darin hat der Journalist Rolf Michaelis (in der Endredaktion unterstützt von Johnson) ein Zitat-Register mit allen Figuren und Orten der *Jahrestage* angelegt. So ist ein »Finde-Buch« entstanden, das die Orientierung im Roman erleichtert und dazu einlädt, immer neuen Querverbindungen zu folgen. Dabei beschränkt sich das *Adreßbuch* keineswegs auf *Jahrestage*, es schließt von *Mutmassungen* bis zu *Begleitumstände* das gesamte bis 1983 veröffentlichte Werk Johnsons ein. So trägt es der Vernetzung des Johnson'schen Erzählkosmos Rechnung, die sich bereits in der *Karsch*-Prosa ankündigte und die in *Jahrestage* Programm wird. Nicht nur die Figuren der *Mutmassungen* begegnen dem Leser in diesem Großroman wieder, auch das Personal (und der Schulstoff) aus (der unveröffentlichten) *Ingrid Babendererde* sind vertreten, der Journalist Karsch aus *Achim* ist ein Freund Gesines, sogar B. und D. aus *Zwei Ansichten* und Joachim de Catt alias Joe Hinterhand aus *Skizze eines Verunglückten* tauchen auf. In *Jahrestage* erweist sich, dass das gesamte Johnson'sche Personal miteinander verwandt, befreundet, bekannt ist. Das entspricht Johnsons Auffassung seiner ›Personen‹ und führt beim Leser zu einem Wiedererkennungseffekt, der mit einem besonderen Realitätseffekt einhergeht: Er ›trifft‹ im Laufe der Lektüre immer wieder ›Leute‹, die er bereits ›zu kennen‹ glaubt.

Jahrestage- Während das *Adreßbuch* den inneren Kosmos des Werkes sortiert, dokumentiert der 1999 publizierte *Jahrestage-Kommen-*
Kommentar *tar* Material, das von außen in den Text eingeflossen ist. Ein Team von Johnson-Spezialisten hat den 2.000-Seiten-Roman auf über 1.000 Seiten zeilengenau kommentiert und dabei unter anderem Begriffe und Redewendungen erklärt, reale Orte

und Personen nachgewiesen sowie intertextuelle Bezüge und Teile der von Johnson benutzten Quellen freigelegt. Dieses inzwischen auch im Internet zugängliche »Buch zum Buch von Lesern für Leser« (Kommentar, S. 7) ist spannende Grundlage für eigene *Jahrestage*-Lektüren und zugleich unverzichtbare Quelle für die Forschung zu diesem Roman, der heute unbestritten zu den Meisterwerken der deutschen Nachkriegsliteratur zählt.

Das war nicht immer so. Als 1970 der erste Band erschien, fiel das Urteil der Kritik vorsichtig aus. Eine gewisse Skepsis gegen die epische Breite, die quer zur Politisierung und Dokumentarisierung der Literatur der Zeit zu stehen schien, war deutlich zu spüren. Marcel Reich-Ranicki scheute sich nicht, überspitzt zu behaupten, es lohne sich nicht, für »Leser, die heute Zeit und Geduld für 1.500-Seiten-Romane haben, […] 1.500-Seiten-Romane zu verfassen« (zit. n. Johnson-Jahre, S. 239). Auch als 1971 der zweite Band vorlag, beklagte man noch, Johnson sei »an der epischen Großform […] gescheitert« (Jenny 1971), der Roman sei besonders in der Schuldproblematik »»overwritten«« (Kelinger 1971). Mit dem dritten Band begannen 1973 auch bisherige Skeptiker, die Bedeutung des Unternehmens zu würdigen. 1978 wurden die *Jahrestage* (noch unvollendet!) in die *Zeit-Bibliothek der 100 Bücher* aufgenommen und eroberten sich damit erstmalig einen herausragenden Platz in der Nachkriegsliteratur. Mit der Vollendung durch den vierten Band im Jahr 1983 wurde der Roman dann zu einem der »grandiosen Literatur-Werke des letzten Viertels unseres Jahrhunderts« erhoben (Raddatz 1983, S. 177). Auch die Forschung, die sich dem Text bis dato nur zögernd genähert hatte, begann nun mit einer intensiven Auseinandersetzung, die bis heute anhält und immer neue Aspekte dieses beziehungsreichen Werkes zutage fördert. Seine literarische Größe steht dabei schon lange nicht mehr zur Diskussion.

Zögerliche Rezeption

Im Umfeld der *Jahrestage*

Heute Neunzig Jahr. Aus dem Nachlaß hrsg. von Norbert Mecklenburg. Frankfurt / M.: Suhrkamp 1996 – *Versuch, einen Vater zu finden.*
Marthas Ferien. Hrsg. von Norbert Mecklenburg. Text und Tonkassette. Frankfurt / M.: Suhrkamp 1988

Dass die Familiengeschichte der Cresspahls mit *Jahrestage* nicht auserzählt war, zeigt das Fragment *Heute Neunzig Jahr*, an dem Johnson parallel zu *Jahrestage* gearbeitet hat. Einen Auszug daraus hatte er bereits 1975 als *Versuch, einen Vater zu finden* im Rundfunk gelesen, Ende 1983 wurde der Vertrag für das Buch geschlossen. Noch einmal wandte sich Johnson hier der Jerichow-Welt zu und stellte nach Jakob Abs und Gesine Cresspahl nun Gesines Vater Heinrich in den Mittelpunkt. Von dessen Geburtsjahr 1888 bis 1978 wollte er die Cresspahl-Geschichte an der »Kette der Jahre« (HNJ, S. 7) von Gesine als Erzählerin rekonstruieren lassen – 90 Jahre, von denen Johnson bis zu seinem Tod knapp 60 fertig gestellt hatte: Das Fragment bricht 1946 ab. So greift *Heute Neunzig Jahr* zwar weit in die Vorgeschichte der *Jahrestage* aus, die geplante Nachgeschichte bleibt jedoch unerzählt. »Ob es am Ende bleibt bei der Enkelin Marie, ›den letzten beiden Augen Cresspahls‹, hier wäre es zu erfahren« (JUB, S. 1075), hatte Johnson in der Verlagsankündigung des Romans für 1984 versprochen – und konnte dieses Versprechen dann doch nicht mehr einlösen.

90 Jahre mit Heinrich Cresspahl

Jahreseintrag um Jahreseintrag rekonstruiert Gesine die Biographie ihres Vaters aus der Familien- und Zeitgeschichte, in den späteren Jahren auch unter Rückgriff auf die eigene Erinnerung. Wiederum erweist sich die »Katze Erinnerung« dabei als unzuverlässig, stärker noch als in *Jahrestage* wird das Erzählen durch historische Quellen und dokumentarische Einsprengsel gestützt, und wiederum lässt sich die Vergangenheit im Erzählen nicht mehr herstellen: »nicht wie es war, bloss was ich davon finden konnte« (HNJ, S. 7), kann Gesine erzählen. Erneut geht es ihr dabei auch um die Reflexion der eigenen Biographie, die geprägt ist durch die Entscheidung der Eltern, sie in Hitlers Deutschland statt in England aufwachsen zu lassen. Auch in *Heute Neunzig Jahr* ist Auschwitz ein »geheimes Zentrum« und zugleich zentrale Lücke im Erinnerungsprozess.

»1944, das Nötigste weiss ich nun, und es fehlt mir. [...]; das Konzentrationslager Barth auf der anderen Seite des Boddens, es sollte uns erspart bleiben, so habe ich es verloren. [...]. Den Kindern verschwieg sie es, so dass ich heute ausserstande bin, mich zu verhalten zu einer Zahl von sechs Millionen Menschen wie sie von mir verlangen. Es kam dann alles zu spät, nie wird die Erinnerung die gleiche Zeit gewinnen.« (Uwe Johnson: *Heute Neunzig Jahr*, 1996; HNJ, S. 112 f.)

Mit einem anderen Erzählprojekt blieb der Autor seinen ›Leuten‹ ebenfalls treu. *Marthas Ferien*, parallel zu *Jahrestage* begonnen und 1978 in ersten Auszügen im Rundfunk gelesen, ist der Versuch von Klaus Niebuhr, die Geschichte seiner toten Eltern Peter und Martha Niebuhr zu rekonstruieren – jenes Klaus Niebuhr, der in *Ingrid Babendererde* mit Ingrid flieht und in *Jahrestage* ein entfernter Vetter Gesines ist. Der Text beginnt mit einem Boots- und Zeltausflug, den Martha und Peter als glückliches junges Paar im Sommer 1932 auf der mecklenburgischen Seenplatte unternehmen, und greift von dort aus erinnernd in die Vorgeschichte zurück. Wie Johnson das kurze Fragment zum Roman ausgearbeitet hätte, lässt sich schwer vermuten, zumal er die Biographie der Niebuhrs mehrfach umgeschrieben hat: Während sie in *Ingrid* noch als Widerstandskämpfer von den Nazis vergast werden (IB, S. 33), kommen sie in *Jahrestage* bei einem Bombenangriff um (JT, S. 932). Als sicher lässt sich annehmen, dass sich ihre Geschichte »[v]on der Idylle zur Katastrophe« entwickelt hätte (Mecklenburg 1997, S. 460) und dass diese Katastrophe (neben privaten Verstrickungen des Ehebruchs) wesentlich politisch geprägt gewesen wäre. Auch Martha und Peter Niebuhr hätten ihr Glück nicht »abseits der Zeitgeschichte«, jenseits von Hitler, bewahren können.

Martha und Peter Niebuhr

Skizze eines Verunglückten
Frankfurt / M.: Suhrkamp 1982

Die knapp 70-seitige *Skizze eines Verunglückten* ist ein Geschenk für Max Frisch zum 70. Geburtstag. Nach einem kursiv gesetzten Vorspann folgen in zwölf Kapiteln »Berichtigungen, Ausführungen, Auskünfte und Nachträge« (SZ, S. 9), die der

Schriftsteller Dr. J. Hinterhand mit fast 70 Jahren über sein Leben gibt. Unklar bleibt, welche Fragen diesen Antworten vorausgingen und wer sie jetzt in indirekter Rede wiedergibt.

Hinterhand wird als Baby vor einem Waisenhaus in Mecklenburg gefunden, »durch einen Zettel am Halse bezeichnet als ›Jochim de Catt‹«; der vermutete »jüdisch[e] Fleck in seinem Leumund« wird nie geklärt (SZ, S. 12, 14). Mit zwanzig lernt er seine spätere Frau kennen, die ihn Joe nennt. Als er 1931 sein erstes Buch veröffentlicht, nimmt er das Pseudonym »J. Hinterhand« an und macht sich den Nazis mit diesem »verräterischen Familiennamen« (SZ, S. 17) wie mit seinen Texten verdächtig. 1933 kehrt er nach einer USA-Reise nicht mehr nach Deutschland zurück und wird ausgebürgert. Er wartet in Dänemark auf die geliebte Frau, die nach einigem Zögern aus Deutschland flieht. Nach der Hochzeit bekommt das Paar einen Sohn, lebt erst in England, ab 1939 in den USA. 1947 erfährt Hinterhand, dass seine Frau ihn mit einem Nazi betrogen hat »seit 1932, fortgesetzt und erneuert durch carnal knowledge … fleischliche Bekanntschaft bis 1938, von 1932 bis 1947 unterstützt durch regelmäßige Korrespondenz«. Er erkennt »eine Verschwörung« »sowohl gegen seine Person als auch gegen seine Arbeit, da er durch ihr Bündnis mit einem Verfechter faschistischer Theorien geschädigt sei in seiner Glaubwürdigkeit, nachdem er gegen solche Theorien angegangen sei in Wort und Schrift« (SZ, S. 51). Tief erschüttert bemüht er sich zunächst noch um ein Zusammenleben, bringt seine Frau aber schließlich um. Wegen Totschlags sitzt er acht Jahre im Gefängnis, bevor er wegen guter Führung entlassen wird. Seitdem lebt er allein am New Yorker Riverside Drive.

Diese traurige Lebensgeschichte wird im Rückblick aus der Perspektive des Scheiterns und fast durchgängig im Konjunktiv der indirekten Rede erzählt. Sie ist in ein kunstvoll geknüpftes Netz von intertextuellen Bezügen eingewoben. Schon der Vorspann wird durch Datierung als Zitat kenntlich: Die Skizze eines Deutschen in New York ist Teil der Büchner-Preis-Rede, in der Johnson 1971 seine Recherchen für *Jahrestage* literarisiert hatte – ein Selbstzitat, das den Emigranten Hinterhand in den Kontext der *Jahrestage* rückt (in deren viertem Band er

Jochim de Catt alias Joe Hinterhand

Intertextualität

Werk

vorkommt, so wie Martha und Peter Niebuhr in der *Skizze* wieder auftauchen, die Vernetzung des Personals also auch hier fortgesetzt wird).

Auffällig strukturieren Zitate die *Skizze:* Von Plato bis Bloch, von Fontane bis Kaschnitz, von Gorki bis Tschechow sind sie in den Text montiert, um Hinterhands utopische »Vorstellung vom Leben in einer Ehe«, vom »Ideal […] der großen Liebe« (SZ, S. 20, 23) zu entfalten. Von Goethe bis Adorno kommen zahlreiche Anspielungen hinzu, die nicht namentlich ausgewiesen sind, und auch die vielfältigen Verweise auf Max Frisch (beginnend mit dem Titel), dessen Werk das Zentrum dieser intertextuellen Fundgrube ist, werden nur zweimal explizit gekennzeichnet. Vgl. S. 66

> »Er halte sich an einen Befund, den MAX FRISCH vor elf Jahren veröffentlicht habe: es sei nicht die Zeit für Ich-Geschichten. Auch er habe einmal sich bemüht, einzelne Personen nur zu zeigen in ihrem Zusammenhang mit mehreren, in der Einrichtung der Gesellschaft […]. Und doch, so die Antithese, vollziehe das menschliche Leben sich am einzelnen Ich, oder verfehle sich daran. Nirgends sonst.
> Demnach sei er eine von den verfehlten Varianten, eine von den verunglückten.«
> (Uwe Johnson: *Skizze eines Verunglückten*, 1982; SZ, S. 74 f.)

> »Es ist nicht die Zeit für Ich-Geschichten. Und doch vollzieht sich das menschliche Leben oder verfehlt sich am einzelnen Ich, nirgends sonst.« (Max Frisch: *Mein Name sei Gantenbein*, 1964, S. 62)

Frischs Konzept der »Ich-Geschichte« und Johnsons Konzept des Einzelnen als ›zoon politikon‹, als Gesellschaftswesen, werden in ein Spannungsverhältnis gesetzt. Auch Joe Hinterhand kann keineswegs »abseits der Zeitgeschichte« leben: Hitlers Politik schreibt sich tief in seine (Emigrations-)Biographie ein, durch den Ehebruch seiner Frau mit einem Nazi fühlt er sich ausdrücklich auch in seiner politischen Integrität untergraben. Sein persönliches Drama vollzieht sich aber im Privaten, dargestellt an zwei Kernthemen Johnsons: der Beschädigung der Sprache und der Erinnerung.

Der Gestus des Vorsichtigen, Tastenden, den der Konjunktiv der indirekten Rede ohnehin mit sich bringt, wird verstärkt **Brüchigkeit** durch Hinterhands Reflexionen über die Brüchigkeit von Spra-**der Sprache** che. In seiner durch den Ehebruch ausgelösten Erschütterung zwingt er sich, nur scheinbar vertraute Ausdrücke neu auf Tragfähigkeit zu prüfen, findet »[u]ngenaue Worte: My husband. Ihrem ersten Kind« (SZ, S. 37) und bescheinigt anderen wie »[n]ationalsozialistisch, verjudet, gemeinschaftlich«, sie seien »bloß zeitgeschichtlich erforderliche« und »gänzlich unter Vorbehalt« zu verstehen (SZ, S. 19).

Verfälschte Ähnlich geht er mit seiner Erinnerung um, in die »eine Sperre **Erinnerung** eingestanzt [sei]: *Unwahr. Falsch. Vergiftet. Entwertet. Ungültig.*« (SZ, S. 68) Wieder und wieder sieht er sich die Fotos seiner Ehe an und versucht, sich seine Erinnerungen im Wissen um den Betrug seiner Frau neu zu erarbeiten, merkt allerdings, dass dieses Vorhaben darauf hinausläuft, »das Gedächtnis abzuschaffen« (SZ, S. 71). Aus dieser Aporie entsteht ein pathologischer Zustand, in dem Hinterhand alles zu meiden versucht, was ihn an seine Ehe erinnern könnte; so wird ihm der weihnachtliche Broadway ebenso zur Gefahr wie das Kino oder das Radio. Was ihm bleibt, ist »eine eigene Todesstrafe [...], abzuleisten durch Ableben« (SZ, S. 76).

Skizze eines Verunglückten ist ein literarisch präzise durchgeformter, tieftrauriger und in seiner Ausweglosigkeit verstörender Text, der unübersehbar *auch* autobiographische Züge trägt: Der Name »Jochim de Catt« etwa verweist auf das Pseudonym, **Vgl. S. 26** unter dem Uwe Johnson seinerzeit die *Mutmassungen über Jakob* veröffentlichen wollte; vor allem zeigt das Ehedrama der Hinterhands deutliche Parallelen zu Johnsons Biographie. So einig sich die Forschung heute ist, dass der autobiographische **Im Schatten** Aspekt der *Skizze* nur einer unter anderen ist, so lange hat er **des Autobio-** die Rezeption des Textes bestimmt (um nicht zu sagen: blo-**graphischen** ckiert) – und so vehement wie vergeblich hat Johnson selbst versucht, dem gegenzusteuern.

Schreiben über andere

Porträts und Erinnerungen. Hrsg. von Eberhard Fahlke. Frankfurt / M.: Suhrkamp 1988 – *Eine Reise nach Klagenfurt.* Frankfurt / M.: Suhrkamp 1974 – Max Frisch: *Stich-Worte. Ausgesucht von Uwe Johnson.* Frankfurt / M.: Suhrkamp 1975 – Margret Boveri: *Verzweigungen. Eine Autobiographie.* Hrsg. und mit einem Nachwort von Uwe Johnson. München: Piper 1977

So wie Uwe Johnson sich für die Lebensgeschichten seiner erfundenen ›Personen‹ interessierte, die er noch über ihr Dasein zwischen den Buchdeckeln hinaus mit kompletten Biographien ausstattete, so interessierte er sich auch für die Lebensgeschichten realer Personen. Er plante sogar mehrfach, ›echte‹ Biographien zu schreiben – etwa über Bertolt Brecht, Hannah Arendt oder seine Frau Elisabeth. Obwohl er diese Pläne aus vielerlei Gründen nicht realisierte, spielt das biographische Schreiben auch in seinem nichtfiktionalen Werk eine wichtige Rolle.

> »Für ihn [...] waren Lebensbeschreibungen gute, unterhaltsame Arbeit. Er fand es regelmäßig lehrreich, eine Person anzusehen auf ihre Entstehung, hinter der Person ihr Leben zu finden. [...] Es war nicht nur die detektivische Nachforschung, die ihn am Fragen, Suchen, Nachsehen gehalten hatte; ihn erstaunte auch, wie viel eine Person enthielt an Geschichte der gesellschaftlichen Verhältnisse, der Kampfmethoden, des Anstands, an Mitlebenden.« (Uwe Johnson: *Eine Reise wegwohin, 1960,* 1964; KP, S. 45)

Seine Porträts und Nachrufe über Freunde und Kollegen – etwa Hans Mayer, Hannah Arendt oder Günter Eich – sind sorgsam auf die porträtierte Person zugeschnitten und sehr persönlich, ohne deshalb die Grenze der Diskretion zu überschreiten. Sie wurden posthum in dem Band *Porträts und Erinnerungen* versammelt.

Porträts und Erinnerungen

Ein besonders berührendes Beispiel für die Balance zwischen literarischem Gedenken und freundschaftlicher Diskretion ist das Buch *Eine Reise nach Klagenfurt,* Johnsons literarisierte Trauer um Ingeborg Bachmann. Der gut 100-seitige Text geht auf Recherchen zurück, die Johnson im Herbst 1973 nach dem Tod der Freundin in deren Geburtsstadt Klagenfurt unternom-

Vgl. S. 58

men hatte – dem Ort, in dem sie auf Wunsch ihrer Familie begraben ist, von dem sie aber selbst gesagt hatte, »*vor allem dürfte man nicht hier aufgewachsen sein und ich sein und dann auch noch wiederkommen*« (RK, S. 18).

Johnsons Text ist eine kunstvolle Montage, die zu etwa 80 Prozent aus Zitaten besteht: Werk- und Briefzitate Bachmanns, Erinnerungen an Gespräche mit ihr sowie Auszüge eigener Briefe stehen neben Zeitungsberichten, Tourismusinformationen, historischen Fakten. Dabei interessiert sich Johnson nicht für das Private, sondern für die Herkunft und ihre Prägungen. Er verknüpft biographische Details mit historischen Hintergründen: wie die Klagenfurter Hitlers Einmarsch 1938 begeistert feierten (Bachmann war damals elf), wie sie durch den Krieg kamen und wie gründlich sie dies alles nach 1945 wieder verdrängten. Zitate aus Bachmanns Erzählung *Jugend in einer österreichischen Stadt* (1961) bilden den roten Faden der *Reise nach Klagenfurt*, bis die Abiturientin 1945 die Stadt verlässt. In der zweiten Hälfte des Textes erfolgt der Blick auf Klagenfurt von Rom aus, wo Bachmann mit Unterbrechungen gut zwei Jahrzehnte lebte. Die Spannung zwischen Herkunftsort und Wahlheimat wird so in der Textstruktur selbst verankert.

Ingeborg Bachmann, 1965, Fotografie aus Johnsons Bibliothek

Eine Reise nach Klagenfurt ist ein atmosphärisch dichter Text voller Trauer: Trauer um den Tod der Freundin, um ihre »zertrümmer[te]« Kindheit unter Hitler (RK, S. 32), darüber, dass sie am Ort ihrer Herkunft begraben liegt, obwohl Johnson »ihr ein Grab gewünscht [hätte], wo sie am liebsten gelebt hat« – in Rom (JUB, S. 805).

Max Frisch: Stich-Worte

Max Frisch: *Stich-Worte* ist ebenfalls eine Zitat-Collage, zu 100 Prozent gespeist aus dem Werk Max Frischs und thematisch arrangiert nach Stichworten »von Alter, Angst und Architektur bis hin zur Zuversicht und Zweifel« (JUB, S. 859). Auch dieses Buch erprobt im weiteren Sinne eine biographische Annäherung: Siegfried Unseld verstand es nicht zufällig als »eine Biographie ungewöhnlichster Art, geordnet nicht nach Daten und Fakten, sondern nach Erfahrungen und deren Resultaten« (JUB, S. 866).

Margret Boveris *Verzweigungen* sind eine biographische Arbeit im engsten Sinne, stehen jedoch unter anderen Vorzeichen: Das Buch war als Autobiographie geplant (und ist im Untertitel auch als solche gekennzeichnet), Johnson hatte zunächst die Rolle des Beraters und Lektors. Die ersten 25 Jahre ihres Lebens bis 1925 hat die Journalistin selbst niedergeschrieben, nach ihrem Tod übernahm Johnson dann die Herausgeberschaft und arrangierte zusammen mit seiner Frau Elisabeth das Nachlass-Material. Dazu gehörten vor allem Tonbandaufzeichnungen der Gespräche, die die Johnsons seit 1970 mit Boveri geführt hatten und die sie nun konkret in den zweiten Teil des Buches aufnahmen, indem sie ihre Fragen in die Darstellung integrierten. So gewinnt der Text einen dialogischen Charakter und gibt einen spannenden Einblick in Johnsons Verfahren biographischer Recherche – das mitunter unerbittlich war: Er wusste sehr genau, dass er »nicht gerade glimpflich umgegangen« ist mit der für ihn so brennenden Frage, warum Boveri »nicht emigriert ist« aus Hitlers Deutschland (zit. n. Befreundungen, S. 423).

Boveris *Verzweigungen;* vgl. S.50, 62

Schreiben über das Schreiben

Berliner Stadtbahn (veraltet) (1961). In: Berliner Sachen. Aufsätze. Frankfurt / M.: Suhrkamp 1975 – *Vorschläge zur Prüfung eines Romans* (1975). In: Romantheorie. Dokumentation ihrer Geschichte in Deutschland seit 1880. Hrsg. von Eberhard Lämmert u. a. Köln: Kiepenheuer & Witsch 1975 – *Begleitumstände. Frankfurter Vorlesungen.* Frankfurt / M.: Suhrkamp 1980

Wer vom Schreiben lebt, muss gelegentlich auch über das Schreiben schreiben (oder reden). Das gilt auch für Uwe Johnson, der diesen Teil seines Berufes wenig schätzte: Auskünfte über seine Person oder seine ›Poetik‹ hielt er für so verzichtbar wie Selbstdeutungen seines Werks. Er wollte seine Texte für sich selbst sprechen lassen und ließ sich nicht gern in die Werkstatt schauen.

> »Es gibt sicherlich diese Seite der Kunst, aber das ist die Seite der Arbeit, und diese Seite ist eben nicht vorführbar. Das ist, als wollte Ihnen ein Handwerksmeister, der Ihnen eine besonders schöne oder besonders brauchbare Sache gemacht hat, nun den Stichel, den Raspel und den Hobel noch obendrein zeigen. Das ist aber nicht nötig. Brauchbar ist die Kommode ohnehin.« (Uwe Johnson 1974 im Gespräch mit Manfred Durzak; zit. n. Durzak 1976, S. 429)

In Interviews ließ er sich niemals »aus der Reserve locken« und trug sich damit den Vorwurf ein, seine Antworten wirkten wie »vorfabriziertes Material« (Barbara Grunert-Bronnen, zit. n. IüG, S. 13). Ob er nach einer Lesung die Strumpffarbe von Gesine Cresspahl erläuterte oder in seine Büchner-Preis-Rede eine erste ›Skizze eines Verunglückten‹ integrierte: Johnsons öffentliche Äußerungen *über* Literatur sind fast immer *auch* Literatur. Er inszenierte sie als Fortschreibung seines Werkes, erzählte das Erzählen, stilisierte sich selbst als Figur seines literarischen Kosmos und betonte die Eigenständigkeit seiner Figuren, die er zwar erfunden habe, über die er aber nicht frei verfügen könne. Die wenigen Johnson-Texte, die gemeinhin als ›poetologisch‹ gelten, gehen durchweg auf mündliche Situationen zurück, in denen der Autor aufgefordert war, öffentlich über sein Werk zu sprechen.

Vgl. S. 7, 112

Vgl. S. 96
Berliner Stadtbahn ist die Übersetzung eines Vortrags, den Johnson 1961 unter dem Titel *Berlin, Border of the Divided World* in den USA hielt. Der Text enthält erzähltheoretische Reflexionen, bleibt dabei aber immer *auch* literarische Beschreibung eines Stadtbahnhofs im geteilten Berlin. Hier erläutert Johnson

> »Der Verfasser sollte zugeben, daß er erfunden hat, was er vorbringt, er sollte nicht verschweigen, daß seine Informationen lückenhaft sind und ungenau. Denn er verlangt Geld für was er anbietet. Dies eingestehen kann er, indem er etwa die schwierige Suche nach der Wahrheit ausdrücklich vorführt, [...] indem er ausläßt, was er nicht wissen kann, indem er nicht für reine Kunst ausgibt, was noch eine Art der Wahrheitsfindung ist.« (Uwe Johnson: *Berliner Stadtbahn (veraltet)*, 1961; BS, S. 20 f.)

den Begriff der »Wahrheitsfindung« (BS, S. 21), der für sein dokumentarisch absicherndes, erkenntniskritisches Erzählverfahren zentral ist. Der Generalverdacht, den er gegen die »Manieren der Allwissenheit« (BS, S. 20) erhebt, lässt sich dagegen schon nicht mehr ohne Weiteres auf seine Romane übertragen, in denen Allwissenheit keineswegs grundsätzlich tabu ist. »Hier tut der Kontext wieder einmal alles. Und wenn Sie ihn wegnehmen, dann wird es einigermaßen gefährlich«, erklärte Johnson, als er einräumte, dass *Berliner Stadtbahn* durchaus »einige Dinge enthalt[e], die Sie als Theorie […] definieren könnten« (zit. n. Durzak 1976, S. 428).

Vorschläge zur Prüfung eines Romans gilt als zweiter einschlägig ›poetologischer‹ Johnson-Text, und auch hier »tut der Kontext« viel: Der Text ist Teil eines Vortrags, den Johnson 1973 zuerst vor Schülern hielt. Den Schluss wählte er 1975 für einen Sammelband mit dem Titel *Romantheorie* aus – wo er kaum anders als poetologisch verstanden werden konnte. Tatsächlich umreißt Johnson hier sein Realismus-Verständnis, doch verweist

»Wozu also taugt der Roman?

Er ist ein Angebot. Sie bekommen eine Version der Wirklichkeit.

Es ist nicht eine Gesellschaft in der Miniatur, und es ist kein maß-stäbliches Modell. Es ist auch nicht ein Spiegel der Welt und weiterhin nicht ihre Widerspiegelung; es ist eine Welt, gegen die Welt zu halten.«

(Uwe Johnson: *Vorschläge zur Prüfung eines Romans*, 1973; VPR, S. 402 f.)

schon die Überschrift »darauf, dass es sich nicht um Vorgaben für Schriftsteller, sondern um Ratschläge für Leser handelt« (Helbig 2006, S. 343): »Verteidigen Sie Ihre Unabhängigkeit bis zur letzten Seite […]. Mit dem Roman ist die Geschichte versprochen. Was dazu gesagt wird, sagen Sie« (VPR, S. 403), lautet der Appell.

Weil Johnson seine Leser unabhängig wünschte, verweigerte er Selbstdeutungen und poetologische Festlegungen nach Möglichkeit ganz, oder aber er formulierte sie in so literarisierten Kontexten, dass ihre Deutung den Lesern überlassen blieb.

Wahrheitsfindung

»Eine Welt, gegen die Welt zu halten«

Begleitumstände, die verschriftlichte Fassung seiner Frankfurter Poetik-Vorlesungen, sind das schillerndste Beispiel für dieses

Begleitumstände Verfahren. Gleich auf den ersten Seiten stellt Johnson klar, dass zwar »vom Schreiben« die Rede sein werde, nicht aber von »einer Lehre vom Schreiben« (BU, S. 11), dass er zwar seine »Erfahrungen im Berufe des Schriftstellers« »anbieten werde«, dass das »Subjekt« aber »lediglich vorkommen« werde »als das Medium der Arbeit, als das Mittel einer Produktion« (BU, S. 23 f.). Was folgt, sind knapp 450 Seiten Lebens- und Schreibgeschichte: von kindlichen Lektüreerlebnissen bis zum aktuellen Vorsatz, die *Jahrestage* nach der persönlichen Krise doch noch fertig zu stellen; von den mehrfachen Umarbeitungen des Erstlings *Ingrid Babendererde* bis zur Erfahrung, wie ihm die Figuren der *Mutmassungen* ihre Geschichte regelrecht diktiert hätten; von der Flucht vor dem Etikett »Dichter der beiden Deutschland« bis zur ›Wiederbegegnung‹ mit Gesine Cresspahl in New York.

Der Text ist durchsetzt mit dokumentarischem Material: Auszüge aus *Ingrid Babendererde*, Briefe, Rezensionen etc. sind integriert. Er ist bis an den Rand gefüllt mit aufschlussreichen poetologischen Hinweisen und Auskünften über das Handwerk des Schreibens. Er ist durch und durch autobiographisch gesättigt. Und er bleibt doch von der ersten bis zur letzten

Literarische Seite eine literarische Selbstinszenierung. Das erste Wort lau-
Selbstinsze- tet »Poetik« (BU, S. 11) und wird sofort infrage gestellt. Der
nierung letzte Absatz betont die literarisch durchkomponierte Formung des gesamten Textes, indem er sie zum Gegenstand eines Spiels macht: Er habe »bis auf anderthalb Ausnahmen einen Boykott ausgeübt gegen ein im Deutschen oft gebräuchliches Adverb«, erklärt Johnson hier und verspricht dem ersten Leser, der »es herausfindet […], das Manu-, Copy-, Montier-, Klebe-, Typoskript dieser Vorlesungen« als Geschenk (BU, S. 453). (Gemeint ist das Wort »nicht«, und tatsächlich wurde ein aufmerksamer Leser mit dem Skript belohnt.)

Deutlicher kann man auf die Literarizität eines Textes kaum verweisen, und so bleiben *Begleitumstände* immer beides: der höchst vergnügliche und sehr informative Einblick in das Leben und Schreiben eines Schriftstellers und ein literarischer

Werk

Entwurf dieses Lebens und Schreibens. Es obliegt dem Leser, in jedem Einzelfall selbst zu prüfen, wo die Grenze zwischen Realität und Fiktion verläuft: Er hat seine Unabhängigkeit auch hier »bis zur letzten Seite« zu verteidigen.

Auch als Briefsteller – ein Schriftsteller

Inselgeschichten. Hrsg. von Eberhard Fahlke. Frankfurt / M.: Suhrkamp 1995 – *Sofort einsetzendes Geselliges Beisammensein. Rechenschaft über zwei Reisen*. Hrsg. von Klaus Baumgärtner. Berlin: Transit 2004 – Zahlreiche Briefwechsel, u. a. mit Hans Magnus Enzensberger, Max Frisch und Siegfried Unseld, sind im Suhrkamp Verlag erschienen.

»Du weißt, daß ich immer Beklemmungen habe, Dir zu schreiben, weil Du auch als Briefsteller nicht darauf verzichten kannst, die Schrift zu stellen, wozu Du von Beruf und der Menschheit wegen gehalten bist«, schrieb *Spiegel*-Herausgeber Rudolf Augstein am 2. November 1971 an Uwe Johnson. Damit brachte er etwas auf den Punkt, was den ausgesprochen fleißigen Briefe-Schreiber Johnson auszeichnete: Seine Briefe dienten selten allein dem Informationsaustausch, sondern waren oft kleine (mitunter sehr komische) sprachliche Kunstwerke, die ihre Adressaten durchaus fordern konnten.

> »Lieber Herr Johnson, besten Dank für Ihren Brief. Mit Kompaß und anderen topographischen Utensilien ausgerüstet, vermag ich nun allmählich doch Pfade in das Dickicht Ihrer Briefschreiberei zu schlagen.« (Siegfried Unseld in einem Brief vom 13. September 1960 aus Frankfurt am Main an Uwe Johnson; JUB, S. 97)

Johnson nutzte seine Briefe häufig für literarische Skizzen. Er hielt Eindrücke fest, erprobte Rollenspiele, testete Formulierungen, die er später für seine Texte benutzte. So ist es kein Zufall, dass er auch die erzählerische Annäherung an seinen englischen Wohnort Sheerness zuerst in Briefen ausprobierte: Vier Sheerness-Texte hat Johnson zu Lebzeiten verstreut veröffentlicht (*Ach, Sie sind ein Deutscher*, 1978; *Ein Vorbild*, 1979; *Ein unergründliches Schiff*, 1979; *Seien Sie vielmals bedankt*, 1980), und sie alle waren »im Kern zunächst in Briefen erzählt«. Im

Der Brief als literarische Skizze

Inselgeschichten Nachlass-Band *Inselgeschichten* sind sie ergänzt um weitere Brief-
stellen mit »Beschreibungen, Szenen und Episoden« des Lebens
an der Themsemündung, »die zu *Inselgeschichten* hätten ausge-
sponnen werden können« (Eberhard Fahlke, zit. n. IG, S. 195).

Johnson schrieb so gut wie alle seine Briefe mit Durchschlag

und verwahrte sie bei den Briefen, die
er selbst empfing. Insofern war er sich
selbst ein zuverlässiger Archivar (der
zweifelsohne nicht nur beim Briefe-Sam-
meln, sondern auch schon beim Briefe-
Schreiben auf die Nachwelt schielte).
Inzwischen sind erfreulich viele Briefwechsel aus dem Nachlass ediert: ›große‹ (etwa mit Siegfried Unseld, Max
Frisch, Hannah Arendt, Fritz J. Raddatz und Hans Magnus Enzensberger)

Uwe Johnson
beim Briefe-
schreiben, 1963

und ›schmalere‹ (etwa mit Anna und Günter Grass, Walter Kem-
powski oder Jochen Ziem), auch Auszüge (etwa in den Sammel-
bänden *Wo ich her bin*, 1993, und *Befreundungen*, 2002). Doch
in den Archiven liegen noch immer verborgene Schätze. Der
umfangreiche, so intensive wie amüsante und trotz gegentei-
liger Beteuerungen hochliterarische Austausch Johnsons mit
den Leipziger Freunden – allen voran mit Manfred Bierwisch –
wäre zum Beispiel ganz sicher eine Edition wert. Die vier Briefe Johnsons über *Sofort einsetzendes Geselliges Beisammensein*

Archiv-Schätze bei den Klemms in Leipzig geben einen ersten Vorgeschmack
auf die Delikatessen, die hier auf Entdeckung warten.

> »Dear Scheek, Briefwechsel ist nicht eine Form der Kunst. Es
> kann eine sein, aber wohin kämen wir.« (Uwe Johnson in ei-
> nem Brief vom 29. Januar 1967 aus New York City an Manfred
> Bierwisch)

Wirkung

»Dichter der beiden Deutschland« – ein langlebiges Etikett

Die Erstrezeption von Uwe Johnsons Büchern ist untrennbar mit dem Kalten Krieg verknüpft. In der Bundesrepublik blieb Johnson insbesondere während der 1960er Jahre hartnäckig der »literarisch[e] Ostzonen-Flüchtlin[g]« (zit. n. Frühwerk, S. 63), einer ›von drüben‹, ein Spezialist für Fragen der DDR und der deutschen Teilung. Diesen Ruf wurde er auch mit dem Sprung nach New York und der stetigen Erweiterung seiner literarischen Welt nie ganz los.

Im Kalten Krieg

In der DDR dagegen war er der ›Republikflüchtling‹, ein Verräter, der »nichts über das primäre menschliche Interessengebiet, die Gesellschaft«, wisse (so Peter Hacks 1959 im Zusammenhang mit den *Mutmassungen*, zit. n. BU, S. 155) und dessen Bücher »gegen die DDR gerichtet« seien: »Produkte aus Unverstand und schlechtem Gewissen«, »falsch und böse« in der Aussage, von »tiefe[r] Verworrenheit« im Stil (so Hermann Kant 1962 nach der Kesten-Affäre, zit. n. BU, S. 242). Dass es diese Bücher in der DDR offiziell gar nicht gab, weil Johnson dort trotz regelmäßiger Vermittlungsbemühungen durch den Suhrkamp Verlag nicht gedruckt wurde, störte die Wortführer solcher öffentlichen Schmähungen nicht. Den Autor selbst störte dieser Umstand dagegen sehr wohl: Nicht zuletzt, weil er nur in *einem* Deutschland überhaupt gelesen werden durfte, hielt er die Wendung vom ›Dichter *beider* Deutschland‹ für »auf alberne Weise ungenau« (BU, S. 336).

Vgl. S. 32

Erst nach seinem frühen Tod wurde einer – wenn nicht erwünschten, so immerhin geduldeten – Johnson-Lektüre auch in der DDR der Boden bereitet: Dem Rostocker Germanisten Jürgen Grambow war es 1986 gelungen, einen Aufsatz über Uwe Johnson in *Sinn und Form* zu veröffentlichen und ihn damit in einer der wichtigsten Literaturzeitschriften der DDR mit der gebotenen Vorsicht kritisch zu würdigen (Grambow 1986). 1989 erschien nach langem Streit mit den Behörden im Ostberliner Aufbau-Verlag der von Grambow herausgegebene Prosa-Band *Eine Reise wegwohin und andere kurze Prosa*; erstmals war ein Johnson-Buch damit ganz offiziell in der DDR zugäng-

In der DDR

lich – allerdings zu einem Zeitpunkt, als die DDR bereits im Verschwinden begriffen war.

Fremdsprachige Buchausgaben

Auch jenseits des deutschen Tellerrandes blieb Uwe Johnson auf das deutsch-deutsche Thema abonniert. Im Mauer-Herbst 1961 erschien mit der italienischen Übersetzung der *Mutmassungen* die erste fremdsprachige Ausgabe eines Johnson-Buches.

Two Views, 1971: englische Taschenbuchausgabe zum zehnten Jahrestag des Mauerbaus

Nachdem *Das dritte Buch über Achim* 1962 mit dem Internationalen Verlegerpreis ausgezeichnet worden war, gewann die Übersetzungstätigkeit an Schwung: Ende der 1960er Jahre lagen die *Mutmassungen* in sechs Sprachen vor (darunter Japanisch und Koreanisch, später folgten noch Spanisch und Niederländisch); *Zwei Ansichten* waren 1970 mit neun, *Achim* mit

elf Übersetzungen nicht nur in Westeuropa und den USA, sondern auch im blockfreien sozialistischen Jugoslawien zugänglich (Riedel 1999, S. 90-100). Mitunter wurde die deutsch-deutsche Rezeption dabei schon durch die ›Verpackung‹ der Bücher forciert, etwa wenn aus *Mutmassungen über Jakob* in der französischen Übersetzung *La Frontière* (Die Grenze) wurde oder wenn *Zwei Ansichten* auf Norwegisch den Titel *Dialog over muren* (Dialog über die Mauer) erhielt.

Ein Blick auf die Presse bestätigt den Befund: Eine schwedische Zeitung betitelte ihre Rezension zur Übersetzung von *Achim* 1962 mit »Den tyska splittringen« (Die deutsche Teilung), ein römisches Blatt rezensierte die italienischen *Zwei Ansichten* 1970 unter »Le due Germanie« (Die zwei Deutschland), *The Nation* aus New York titelte 1963 zur amerikanischen Version der *Mutmassungen* mit »Man on the Berlin Wall«

Die ausländische Presse

(Mann auf der Berliner Mauer) – und zielte damit gleich auf den Autor hinter dem Buch, das im Original schon zwei Jahre vor dem Mauerbau fertig gestellt war (zit. n. Riedel 1999, S. 414, 428, 403).

Eine Berliner Mauer kommt natürlich auch im amerikanischen *Speculations about Jakob* (1963) nicht vor. Dennoch handelt es sich insofern um ein anderes Buch, als im amerikanischen Text vor (fast) jedem kursiven Monolog der Sprecher genannt ist (GESINE, JONAS oder HERR ROHLFS). Dem Leser wird so eine Zuordnungsarbeit abgenommen, die er im Original selbst zu leisten hat – eine von Johnson autorisierte Maßnahme zugunsten der Lesbarkeit, die ursprünglich sogar für die deutsche Taschenbuchausgabe erwogen worden war (JUB, S. 146).

Im amerikanischen *Two Views* (1966) hat Johnson aus B. und D., den Namenlosen der *Zwei Ansichten*, »young Herr Dietbert« und »nurse Beate« gemacht – die Initialen also durch Vornamen ersetzt und überdies vertauscht. Niemand könnte nun noch – wie ein Jahr zuvor Marcel Reich-Ranicki bei B. und D. – auf die Idee kommen, »Dietbert« stünde für Bundesrepublik und »Beate« für DDR (Reich-Ranicki 1965, S. 158).

Insbesondere *Jahrestage* ist auf Amerikanisch ein völlig anderes Buch, denn es ist um etwa ein Drittel gekürzt, 62 Tage fehlen ganz: Johnson selbst hat »Gesines Jahr auf zehn Monate« zusammengestrichen (allerdings zielt der amerikanische Titel *Anniversaries* auch allein auf Gedenktage, die Bedeutungskomponente ›Tage eines Jahres‹ fehlt). Die Streichungen betreffen die (in Amerika weniger erklärungsbedürftige) New-York-Ebene sehr viel stärker als die Jerichow-Handlung. So ist *Anniversaries* in gewisser Weise ein noch viel ›deutscherer‹ Roman geworden, allerdings radikal gekürzt mit Blick auf die »amerikanischen Leser und das ihnen zumutbare Interesse für ein kleines Land im fernen Europa« (Müller 1995, S. 80, 79). Die französische Übersetzung von *Jahrestage* kennt solch massive Eingriffe nicht, die italienische (die nur für zwei Bände vorliegt) ebenso wenig.

Der Blick auf die beiden Deutschland war von außen naturgemäß weniger aufgeregt als von innen, wobei Johnson tendenziell auch aus der Außenperspektive ein Spezialist fürs *Ost*deutsche blieb (das umso fremder erschien, je weiter man vom Eisernen Vorhang entfernt war). Schon 1969 erklärte das *TIME magazine* Johnson zu den wenigen »gifted novelist[s]« der »people's republic of East Germany« (TIME 1969, S. 61), ordnete ihn also explizit einem DDR-Kontext zu. Und ihren Nachruf überschrieb die gute alte »Tante Times« 1984 mit den Wor-

Johnson auf Amerikanisch

ten »Uwe Johnson, Novelist, Dies; Wrote About East Germany«
(Uwe Johnson, Schriftsteller, tot; schrieb über DDR, zit. n.
Riedel 1999, S. 297).

Als die Mauer 1989 fiel, änderte sich die Situation grundlegend: Quasi über Nacht waren Johnsons Romane, die alle *auch*
von der Teilung Deutschlands erzählen, historisch geworden.
Erstmalig waren nun einerseits seine Bücher den Lesern aus
der ehemaligen DDR und andererseits die mecklenburgischen
Schauplätze den Lesern aus der alten Bundesrepublik unein-
geschränkt zugänglich. Unter diesen veränderten Rahmenbe-
dingungen wurde Uwe Johnson noch einmal als deutsch-
deutscher Dichter (wieder)entdeckt, und nicht selten wurde
dies als eine Art ›Heimkehr nach Mecklenburg‹ gefeiert.

*Im wieder-
vereinigten
Deutschland*

> »Seit Herbst 1991 lief das Geschäft der Wiederentdeckung Uwe
> Johnsons auf Hochtouren. [...] Höhepunkt des Trubels war viel-
> leicht der ›Sonderzug nach Güstrow‹, den die Deutsche Reichs-
> bahn und der Suhrkamp Verlag [...] 1992 vom Westberliner
> Bahnhof Zoo fahren ließen. Da reisten Verleger und Journali-
> sten, mit Erich Honeckers privatem Abteilwagen im Schlepptau,
> zu Ehren des Reichsbahn-Liebhabers Johnson zum Güstrower
> Ernst-Barlach-Theater, wo eine Art Staatsfeier veranstaltet wur-
> de.« (Greg Bond: *»Die Toten halten zuverlässig das Maul«: Uwe
> Johnson im wiedervereinigten Deutschland*, 1994, S. 181)

Im schwierigen Prozess des Zusammenwachsens beider deutscher Staaten war Johnson als literarischer Zeuge geladen –
und zwar speziell als Zeuge für die Missstände in der (frühen)
DDR. Das war nicht falsch, denn in der Tat hat er die Entwicklung der DDR-Diktatur wie kein Zweiter im Erzählen festgehalten, und zu Recht wird sein Werk heute auch im Kontext
der DDR-Literatur gewürdigt.

Aber es war auch nicht richtig, denn dieser eingeschränkte
Blickwinkel brachte erneut Verkürzungen im Interesse der
deutsch-deutschen Tagespolitik mit sich. Johnsons kritischer
Blick auf den Westen wurde ebenso ausgeblendet wie seine
schonungslose Analyse der gemeinsamen deutsch-deutschen
Geschichte vor, während und nach dem Zweiten Weltkrieg,
die überhaupt erst zur Teilung geführt hatte. Seine (in *Begleit-*

umstände minutiös dargelegte) Überzeugung, die Deutschen hätten ihre Teilung selbst zu verantworten, ging weitgehend unter – von den europäischen und amerikanischen sowie den nichthistoriographischen und ästhetischen Dimensionen seines Werkes ganz zu schweigen.

So einseitig die populäre Johnson-Rezeption im Wiedervereinigungstaumel der 1990er Jahre mitunter auch war, so unbestritten hat sie doch dazu beigetragen, diesen wichtigen, bis dato aber eher unbekannten Autor ins Bewusstsein der lesenden Bevölkerung zu heben.

Auch die Forschung kam wieder in Schwung. Sie konzentrierte sich zunächst ebenfalls auf die DDR-Thematik und auf Biographisches, erweiterte ihren Fokus aber sukzessive. Schwerpunkte bildeten Johnsons Auseinandersetzung mit dem Nationalsozialismus und mit Auschwitz sowie die ästhetische Gestaltung der Texte; die Stellung von Johnsons Werk in der Nachkriegsliteratur wurde in zahlreichen Vergleichen ausgelotet, in denen vor allem die *Jahrestage* ins Verhältnis gesetzt wurden (etwa zu *Die Ästhetik des Widerstands* [1975-1981] von Peter Weiss). Darüber organisierte sich auch die Forschungslandschaft: 1990 erschien erstmals das *Internationale Uwe-Johnson-Forum*, seit 1994 außerdem das *Johnson-Jahrbuch*, 1996 wurde mit den *Johnson-Studien* eine Reihe für wissenschaftliche Einzeluntersuchungen ins Leben gerufen. Eine neue Biographie, die von einem ganzen Team von Johnson-Forschern unter dem gemeinsamen Namen »Friedrich E. Straße« erarbeitet wird, ist derzeit in Vorbereitung; sie wird die bisherigen biographischen Einführungen und die (so detailreiche wie umstrittene) Darstellung des Johnson-Biographen Bernd Neumann um neue Sichtweisen ergänzen (Friedrich E. Straße [in Vorbereitung]; Neumann 1994). Mit einem Wort: Die akademische Rezeption ist äußerst produktiv und handelt Johnson längst als einen der wichtigsten Autoren der Nachkriegszeit. Das zeigt nicht zuletzt die Tatsache, dass der Johnson-Bibliograph Nicolai Riedel 2006 gut 40 Seiten benötigte, um seine 600-seitige *Uwe Johnson-Bibliographie* (1999) um Arbeiten aus den Jahren 1999-2005 zu ergänzen (Riedel 2006). Auch die kontinuierliche Editionsarbeit aus dem Nachlass gibt hiervon beredtes Zeugnis.

Wissenschaftliche Rezeption

Dennoch ist es in der Öffentlichkeit um diesen »modernen Klassiker« (Uwe Neumann, zit. n. Johnson-Jahre, S. 9) recht leise geworden: Dass Uwe Johnson im Jahr 2009 (erst!) 75 Jahre alt geworden wäre, dass sich sein Todestag zum 25. Mal jährte und die *Mutmassungen über Jakob* ihren 50. Geburtstag feierten, musste man jedenfalls auch als literarisch interessierter Feuilleton-Leser aufmerksam verfolgen, um es nicht zu übersehen.

Dabei ist der Anspruch Gesine Cresspahls, *»Bescheid zu lernen. Wenigstens mit Kenntnis zu leben«* (JT, S. 209 f.), als Herausforderung für den Einzelnen keineswegs kleiner geworden – und die literarische Schönheit der Johnson'schen Texte ist es ebenso wenig. Insofern gilt es heute, neben der historiographischen Dimension von Johnsons Werk auch seine überzeitliche, »geradezu bestürzende Aktualität« (Turk 2006, S. 371) im Kontext einer grundsätzlich veränderten weltpolitischen Lage neu zu entdecken.

Johnson heute

Außerhalb der Buchdeckel: Medien, Veranstaltungen, Institutionen

Johnsons posthume Wirkung in den Medien erreichte ihren Höhepunkt mit der als *das* Fernsehereignis des Jahres 2000 gefeierten Verfilmung der *Jahrestage* durch Margarethe von Trotta: Diese 360 Filmminuten, gedreht mit 16 Millionen DM Budget, 1.300 Komparsen und einer Starbesetzung von Suzanne von Borsody bis Hanns Zischler, wurden zur besten Sendezeit ausgestrahlt – und kontrovers diskutiert. Literaturverfilmungen sind immer ein Wagnis, und im Fall der so vielschichtigen wie unauslesbaren *Jahrestage* war das Wagnis zweifelsohne besonders groß. Johnson-Liebhaber waren sich denn auch schnell einig, dass das Projekt gescheitert sei. Forschung wie Feuilleton heulten auf, die Verfilmung galt gemeinhin als leicht verdauliche »Soap-Opera«: sentimental, eindimensional, klischeebesessen – ein

Suzanne von Borsody und Marie Helen Dehorn als Gesine und Marie Cresspahl in Margarethe von Trottas Jahrestage-Film, 2000

Wirkung

»Desaster« (Böttiger 2001, S. 170 f.). In der Tat lässt sich über diesen Film trefflich streiten. Aber er ist auch atmosphärisch dicht erzählt und bietet eine gute Möglichkeit, in die Johnson'sche Stoffwelt einzutauchen. Ob dies letztlich den Zugang zu den *Texten* vereinfacht, kann jeder nur für sich selbst herausfinden, denn einen Einstieg in Johnsons komplexe Ästhetik und sprachliche Genauigkeit gewährleistet der Film naturgemäß nicht.

Dagegen können Hörproduktionen die Sprache viel gezielter zum Klingen bringen. 1995/96 hat Max Volker Martens in einer 40-stündigen Lesung die *Jahrestage* aufgenommen, 1997 hat Rolf Boysen in gut sieben Stunden *Jahrestage*-Auszüge »Aus dem Leben Heinrich Cresspahls« gelesen; beide Produktionen wurden mehrfach im Radio gesendet. Die Hörspielfassung von *Das dritte Buch über Achim*, 2009 mit prominenten Sprechern wie Ulrich Noethen und Jutta Hoffmann eingespielt, wurde nicht zuletzt wegen ihrer Sprachsensibilität hoch gelobt. **Hörproduktionen**

Den unmittelbarsten Eindruck vom typischen ›Johnson-Sound‹ bieten Lesungen des Autors selbst (etwa die mit dem Text veröffentlichten Aufnahmen von *Marthas Ferien* und *Versuch, einen Vater zu finden* oder ein *Jahrestage*-Auszug, der 2000 auf der CD *Die Stimmen der Dichter. 50 Jahre Suhrkamp* erschien). Uwe Johnson war ein ausgezeichneter Vorleser und hatte eine einprägsame, tiefe Stimme, mit der er die Kraft seiner Sprache auf einzigartige Weise zum Leuchten bringen konnte. Er trug seine Texte »mit einer Unbedingtheit und Hingabe vor, die mitreißend waren«, und erzeugte dabei eine »Sprachmelodie, die hier und da in schieren Gesang mündete« (Robert Gernhardt, zit. n. Johnson-Jahre, S. 963 f.). Wer Johnson lesen hört, versteht das Besondere seiner gezielt auf Klang und Rhythmus gearbeiteten Sprache besser, und es bleibt zu hoffen, dass noch viel Material aus den Archiven gehoben wird. Original-Filmaufnahmen geben zusätzlich einen Eindruck von Johnsons – durchaus imposanter – Erscheinung. Eine Übersicht über entsprechende Dokumentationen gibt die Homepage der Uwe Johnson-Gesellschaft. Auch das Stöbern auf den diversen Videoplattformen im Internet kann hier einen Vorgeschmack bieten – was diese Art der Präsenz betrifft, ist Johnson bereits ganz im 21. Jahrhundert angekommen. **Johnson in Ton und Bild**

Einen konkreten Einblick in die Werkstatt des Autors und seine dokumentarische Arbeitsweise erlauben **Archivalien** aus dem Nachlass, etwa Typoskripte, Notizen, die Zeitungsausschnittsammlungen oder seine Bibliothek. Bis zum Verkauf ans *Deutsche Literaturarchiv Marbach* war Johnsons Nachlass der wissenschaftlichen Öffentlichkeit im Frankfurter *Uwe Johnson-Archiv* zugänglich. Im umfangreichen Marbacher Archivbestand ist er seit Juni 2010 in ein größeres literarisches Umfeld integriert und an eine Museumsinfrastruktur angebunden, die das Ausstellen von Originaldokumenten erlaubt.

Keine Originale, aber eine Fülle sorgsam ausgewählter Faksimiles, die vielseitige Einblicke in das Leben und Schreiben des Autors gewähren, bietet die Dauerausstellung im 2006 eröffneten *Literaturhaus Uwe Johnson* im mecklenburgischen Klütz. Neben einem Veranstaltungsprogramm, das keineswegs auf Johnson beschränkt ist, werden hier »Auf den Spuren von Uwe Johnson« auch Spaziergänge durch Klütz angeboten, wo man zahlreiche Details aus Johnsons Jerichow wiederfindet (ohne den realen und den fiktiven Ort deshalb je zur Deckung bringen zu können).

Auch andernorts werden mitunter literarische Führungen angeboten: Auf dem Fischland – laut Gesine Cresspahl »das schönste Land in der Welt« (JT, S. 1495) – kann man etwa die realen Vorlagen für Schauplätze der *Jahrestage* finden, in Güstrow Details aus *Ingrid Babendererde* wiederentdecken. Einen Steinwurf entfernt vom Güstrower John-Brinckman-Gymnasium, das Johnson einst besuchte und das erkennbar auch die Schule von Ingrid Babendererde ist, gibt es seit 1994 die *Uwe Johnson-Bibliothek*, die dem literarischen Erbe ihres Namenspatrons besonders verpflichtet ist. Wenige Straßenecken weiter, auf dem Domplatz, steht seit 2006 die *Uwe Johnson-Stele*, eine 2 Meter 10 hohe Bronzestele des Künstlers Wieland Förster, mit der die Stadt Güstrow ihren bedeutenden Abiturienten ehrt.

In der Berliner Niedstraße 14 hängt seit 2002 eine Gedenktafel, auf der links an den expressionistischen Maler Karl Schmidt-

Marginalien:
Archivalien

Das Literaturhaus Uwe Johnson in Klütz – ein alter Getreidespeicher

Auf Johnsons Spuren

Rottluff, rechts an Uwe Johnson erinnert wird, der in den 1960er Jahren dasselbe Atelier nutzte, in dem Schmidt-Rottluff bis 1933 gearbeitet hatte. Als »Schriftsteller im geteilten Deutschland« wird Johnson hier mit einem Zitat aus dem Jahr des Mauerbaus 1961 gewürdigt: »... Es gibt nicht: Berlin. Es sind zwei Städte Berlin.«

Die *Mecklenburgische Literaturgesellschaft e. V.* veranstaltet seit 1995 in Neubrandenburg jeweils im September die Uwe-Johnson-Tage mit einem vielfältigen Tagungs-, Lesungs- und Veranstaltungsprogramm.

In Rostock wird der berühmte einstmalige Student inzwischen auf besonders wirkungsvolle Weise geehrt: 2008 wurde an der Universität Rostock auf Veranlassung des Unternehmers und Johnson-Philologen Ulrich Fries die *Uwe Johnson Stiftungsprofessur* eingerichtet. Mit der Gründung der ebenfalls in Rostock ansässigen *Uwe Johnson-Gesellschaft* im Februar 2010 hat das Nachwirken des Autors einen Rahmen gewonnen, der für neue Impulse sorgen wird: Die Gesellschaft holt mit Lesungen, Filmnächten, Tagungen und ähnlichen Veranstaltungen öffentliche und wissenschaftliche Aktivitäten aller Art nach Rostock und will Johnsons Werk auch überregional und international in seiner Geltung fördern. Das *Johnson-Jahrbuch* geht in die Trägerschaft der Gesellschaft über, eine Werkausgabe ist geplant.

Wieland Försters Uwe Johnson-Stele auf dem Domplatz von Güstrow

Johnson lesen? Johnson lesen! Produktive Lektüren

Seit 1994 vergeben die *Mecklenburgische Literaturgesellschaft* in Neubrandenburg und der *Nordkurier* den Uwe-Johnson-Preis an deutschsprachige Autoren, »in deren Schaffen sich Bezugspunkte zu Uwe Johnsons Poetik finden und die [...] jenseits der ›einfachen Wahrheiten‹ deutsche Vergangenheit, Gegenwart und Zukunft reflektieren« (Nordkurier 2010). Zuletzt wurden Uwe Tellkamp (2008) und Christa Wolf (2010) geehrt –

Uwe-Johnson-Preis

große Namen der Gegenwartsliteratur, die die bis heute produktive literarische Wirkung Johnsons bezeugen.

Dass diese Wirkung schon unmittelbar nach dem Debüt der *Mutmassungen über Jakob* einsetzte, zeigt die Rezeption in den 1960er Jahren, als zahlreiche Autoren Johnsons »»Mutmaßungsstil‹ mehr oder weniger bewusst kopierten« (Uwe Neumann, zit. n. Johnson-Jahre, S. 9).

Von Anfang an war Uwe Johnson unter Schriftstellern eine stilbildende literarische Größe, mit der man sich auseinandersetzte, von der man sich abgrenzte oder an der man sich orientierte. Dabei blieb seine Wirkung keineswegs auf den Westen beschränkt, sondern ließ sich ebenso im Osten beobachten, wo seine offiziell nicht erhältlichen Bücher unter der Hand natürlich trotzdem gelesen wurden und als wichtige Bezugpunkte **Christa Wolf** präsent waren. Christa Wolf ist ein prominentes Beispiel für entsprechende intertextuelle Bezüge – und überdies ein Exempel, wie eine solch produktive Auseinandersetzung ein ganzes Schriftstellerinnenleben lang anhalten kann. So lassen sich schon von ihrer frühen Erzählung *Der geteilte Himmel* (1963) strukturelle und thematische Verbindungen zu den *Mutmassungen* ziehen, ebenso von *Nachdenken über Christa T.* (1968) zu *Achim* oder von *Kindheitsmuster* (1976) zu *Jahrestage*. Die Johnson-Bezüge in Wolfs jüngstem Buch *Stadt der Engel oder The Overcoat of Dr. Freud* (2010) haben der Autorin den Uwe-Johnson-Preis eingebracht – sie lassen sich bis in die letzten Sätze verfolgen, in denen sicher nicht zufällig der Schluss der **Vgl. S. 107** *Jahrestage* mitschwingt: »Wohin sind wir unterwegs? Das weiß ich nicht.« (Wolf 2010, S. 415)

Fritz Rudolf Fries Fritz Rudolf Fries, eine weltläufige Ausnahmeerscheinung der DDR-Literatur, gehörte ebenfalls zu den Johnson-Lesern der ersten Stunde. Selbstverständlich kannte er die *Mutmassungen*, seinen ersten (seinerzeit von Johnson an Suhrkamp vermittelten) Roman *Der Weg nach Ooblidaooh* (1966) bezeichnete er selbst einmal als »Entgegnung« darauf (zit. n. Johnson-Jahre, S. 334). In seinem zweiten Roman *Das Luft-Schiff* (1974) greift er die Erzählkonstruktion der *Jahrestage* auf: Oma Polonia erzählt die Biographie ihres Vaters; die Enkel hören zu, fragen nach, korrigieren; der Sohn verschriftlicht die Biographie und reflektiert seine Schwierigkeiten bei der Niederschrift. Dass diese Parallelität zu Gesine, Marie und dem Genossen Schriftsteller keineswegs zufällig ist, hat Fries mit einer direkten Anspielung auf die berühmte »*Wer erzählt hier eigentlich*«-Stelle der *Jahrestage* markiert, die Johnson sich – entgegen seiner sonstigen Gewohnheit – in seinem Exemplar des Fries-Romans sogar angestrichen hat.

Vgl. S. 100

> »Jetzt wird er er fragen, WER erzählt hier. Eine beliebte Frage im heutigen Roman, ich weiß. Aber das, was hier erzählt werden soll, sage ich und weiche zunächst einmal aus, Roman oder nicht, das wird eine Biografie. Die meines Großvaters, der ein Erfinder von Flugapparaten war in seiner Zeit. Die ich mit Hilfe Polonias aufschreibe. Die Biografie, die Erfindungen, die Zeit. Bleiben die Enkel, die zur Schule gehen. Und die ein Wort mitreden wollen, was die Zeit betrifft.« (Fritz Rudolf Fries: *Das Luft-Schiff. Biografische Nachlässe zu den Fantasien meines Großvaters*, 1974, S. 11)

Auch in späteren Texten bezieht sich Fries immer wieder auf Johnson. »Warum soll man den Germanisten und anderen Schriftdeutern nicht gelegentlich ein Osterfest bereiten«, fragte er einmal (Fries 2002, S. 203) – und ließ Johnson in *Der Roncalli-Effekt* (1999) gleich selbst auftreten: als einen »hoch aufgeschossene[n] Langschädel, der später ein berühmter Schriftsteller wurde« (zit. n. Johnson-Jahre, S. 792).

Eine spezielle Art des intertextuellen ›Ostereier-Versteckens‹ spielten die Schriftsteller-Freunde Martin Walser und Uwe Johnson anfangs sogar gemeinsam: Nachdem Walser in seinem Roman *Das Einhorn* (1966) Johnsons Figur Karsch einen Auftritt verschafft hatte – »interessante Figur, aber nix für ein Fest« (zit. n. Johnson-Jahre, S. 196) –, ließ Johnson im Gegenzug Walsers Romanfigur Anselm Kristlein mehrfach durch die *Jahrestage* spazieren (z. B. JT, S. 1710-12). Als die Freundschaft der beiden Kollegen unwiderruflich zerbrochen war, nahmen die Johnson-Bezüge in Walsers Werk dann eine bedrückende Wendung ins Persönliche. Im *Brief an Lord Liszt* (1982) thematisiert er sein Verhältnis zu Johnson und Siegfried Unseld auf kaum verdeckte, wenngleich ironische Weise, literarisiert auch

Martin Walser

Vgl. S. 55, 66

die Ehekrise der Johnsons und charakterisiert Liszt alias Johnson als einen, der »(vielleicht) ein Unglück [beherbergt], das schwerer ist als alles, was mir bis jetzt vorgekommen ist« (zit. n. *Johnson-Jahre*, S. 351). Der Adressat Johnson wusste übrigens, dass er gemeint ist: Er bat Unseld um den noch nicht veröffentlichten Text, »da ich hier ja werde sagen können wie nur je ein Rezensent: man legt es ergriffen aus der Hand und weiss: dies geht mich an« (JUB, S. 1020).

Noch nach Johnsons Tod setzte Walser seine Auseinandersetzung via Literatur fort: Die Figur Rainer Mersjohann aus **Walsers** *Brandung* (1985) trägt erkennbar die Züge des verstorbenen **Brandung** Freundes und durchlebt eine bis ins Detail ähnliche Ehekrise; am Ende begeht Mersjohann Selbstmord und wird nach Jahren der streitlustigen Freundschaft von der Hauptfigur Helmut Halm betrauert. Der Johnson-Bezug in *Brandung* ist »so dominant, dass man in der Forschungsliteratur von einem ›Johnson-Roman‹ gesprochen hat« (Uwe Neumann, zit. n. *Johnson-Jahre*, S. 418).

> »Rainer der Maniak. Ja, das muß man können, ein hochempfindliches Rechtssystem entwickeln, das ausschließlich zu eigenen Gunsten funktioniert. Diese Kraft fehlte ihm. Vielleicht weil er wirklich schlechter war als Rainer. [...] Aber da er Rainer nicht mehr beschimpfen, verprügeln oder streicheln konnte, hatte alles Rechten keinen Sinn. Wer an Tote denkt, denkt an sich. Halm hätschelt Augenblicke. Wie Rainer einen über seine Brillenränder hinweg anschauen konnte, die Johanneshände steigen ließ und so weiter. Nun war er schon so alt und hatte immer noch nicht gelernt, sich dem Tod gegenüber zu verhalten. Der hatte ihm Rainer weggeschnappt.« (Martin Walser: *Brandung*, 1985, S. 305)

Wie vielseitig, umfangreich und weit verzweigt Johnsons literarische Wirkung auch über solche prominenten Beispiele hin- **Johnson-Jahre** aus ist, hat der Johnson-Philologe Uwe Neumann höchst eindrucksvoll dokumentiert: In jahrelanger Arbeit hat er Zitate von Schriftstellern und anderen »Persönlichkeiten des literarischen und öffentlichen Lebens« gesammelt und sie in der Anthologie *Johnson-Jahre* (2007) chronologisch geordnet. Von

»persönlichen Tagebuchaufzeichnungen, Briefen, Interviews, Rezensionen, Essays, Reden, Parodien bis hin zu rein literarischen Auseinandersetzungen« (Johnson-Jahre, S. 10) sind hier auf über 1.000 Seiten Texte und Textauszüge von 1956 bis ins frühe 21. Jahrhundert versammelt. Ihre Lektüre offenbart die polarisierende Wirkung, die Johnson als Person wie als Autor ausübte: Von heller Begeisterung bis zu kategorischer Ablehnung ist das gesamte Spektrum möglicher Haltungen vertreten. *Johnson-Jahre* sind das erhellende Lesebuch einer durchschlagenden Wirkungsgeschichte, das sich über ein knapp 60-seitiges (!) Namenregister auch quer zur Chronologie erschließen lässt – anderthalb Kilo schwer, legen sie neben dem ebenso gewichtigen *Jahrestage-Kommentar* den Schluss nahe, Johnsons unauslesbares Werk ziehe in besonderer Weise die Produktion neuer, unauslesbarer Bücher nach sich.

Was wiederum keine schlechte Voraussetzung für eine anhaltend produktive Wirkungsgeschichte ist. Zumal es die Faszinationskraft des immer wieder neu zu entdeckenden Uwe Johnson eher fördert, denn noch immer gilt, was Johnsons einstiger Lehrer Hans Mayer 1994 formulierte (und was Uwe Neumann nicht zufällig im Vorwort seiner *Johnson-Jahre* betonte):

> »Je mehr man an Tatsachen über [Uwe Johnson] kennenlernt oder herausbringt, um so rätselhafter wird alles. Hier ist ein großes Œuvre entstanden. Man solle genau lesen [...].« (Hans Mayer: *Mutmaßungen über den Schriftsteller Uwe Johnson*, 1994, zit. n. Johnson-Jahre, S. 605)

Durchschlagende Wirkungsgeschichte

Anhang

1955/56 Mehrfache Überarbeitung von *Ingrid Babendererde*
1956 Juli: Abschluss des Studiums mit einer Diplomarbeit über Ernst Barlachs *Der gestohlene Mond* – Vergebliche Versuche, eine feste Stelle zu finden und *Ingrid Babendererde* zu publizieren; freiberuflich als Lektor und Übersetzer tätig; provisorische Wohnverhältnisse – November: Flucht von Mutter und Schwester in den Westen
1957 11. Juli: Gespräch mit Peter Suhrkamp in Westberlin über *Ingrid Babendererde*, Suhrkamp lehnt den Roman ab, ermutigt Johnson aber zum Weiterschreiben – Arbeit an *Mutmassungen über Jakob*
1958 ab Februar: Niederschrift von *Mutmassungen über Jakob*
1959 10. Juli: »Umzug« nach Westberlin, nachdem Johnson die Idee verworfen hat, *Mutmassungen über Jakob* im Suhrkamp Verlag unter Pseudonym zu veröffentlichen – Oktober: *Mutmassungen über Jakob*; Präsentation auf der Frankfurter Buchmesse; Teilnahme an der Tagung der Gruppe 47
1960 März: Fontane-Preis der Stadt Berlin – November: Lesung bei der Gruppe 47 aus *Das dritte Buch über Achim*
1961 20. April bis 22. August: Reise durch die USA mit dem Vortrag *Berlin, Border of the Divided World*; Teilnahme am International Seminar der Harvard University – September: *Das dritte Buch über Achim* – November: Nach einer öffentlichen Diskussion in Mailand beschuldigt Hermann Kesten Johnson, die Mauer gerechtfertigt zu haben; der Pressewirbel der »Kesten-Affäre« reicht bis in den Bundestag
1962 Januar bis September: Stipendiat der Villa Massimo in Rom – 15. Februar: Elisabeth Schmidt trifft nach ihrer durch Fluchthelfer organisierten Flucht aus der DDR in Frankfurt am Main ein – 28. Februar: Uwe Johnson und Elisabeth Schmidt heiraten im Frankfurter Römer – Gemeinsamer Aufenthalt in Rom – Beginn an der Edition von Bertolt Brechts *Me-ti* und *Buch der Wendungen* – Arbeit als Herausgeber der internationalen Literaturzeitschrift *Gulliver* (die im April 1963 scheitert) – Übersetzung von John Knowles: *A Separate Peace (In diesem Land)* ins Deutsche – Mai: Internationaler Verlegerpreis für *Das dritte Buch über Achim* – 20. November: Geburt der Tochter Katharina Elisabeth

1963 23. Februar: Tod der Mutter in Karlsruhe – Jahreswechsel: Gespräche mit Fluchthelfern (für ein gescheitertes literarisches Fluchthelfer-Projekt)

1964 Januar: *Boykott der Berliner Stadtbahn* – Februar: *Karsch, und andere Prosa* – Juni bis Dezember: regelmäßige Rezensionen des DDR-Fernsehens für den *Tagesspiegel* – Arbeit an *Zwei Ansichten*

1965 Juni*: Eine Kneipe geht verloren* – Mai: USA-Reise mit Günter Grass, Begegnung mit Helen Wolff – September: *Zwei Ansichten* – November: Bertolt Brecht: *Me-ti. Buch der Wendungen*

1966 Januar: Johnson darf nicht mehr in die DDR einreisen; das geplante Buchprojekt *Das ostdeutsche Jahr* scheitert – März: Helen Wolff vermittelt für ein Jahr eine Stelle als Schulbuchlektor in New York City – April: Tagung der Gruppe 47 in Princeton – Mai: Ankunft von Elisabeth und Katharina in New York – 1. Juni: Beginn der Arbeit in der Schulbuchabteilung von Harcourt, Brace & World

1967 April: Die Kommune 1 bereitet ihr (vereiteltes) »Pudding-Attentat« auf US-Vizepräsident Hubert H. Humphrey von Johnsons Berliner Atelier aus vor – Ein Stipendium der Rockefeller Foundation ermöglicht ein weiteres Jahr in New York – Juni: *Über eine Haltung des Protestierens* – August: Beginn der Recherchen für *Jahrestage* – Herbst: *Das neue Fenster. Selections from Contemporary German Literature* – 12. November: Elisabeths Schwester Jutta Schmidt stirbt während eines nächtlichen Brandes in Johnsons Berliner Atelier

1968 ab Januar: Niederschrift der *Jahrestage* – 23. August: Rückkehr der Familie Johnson von New York nach Westberlin

1969 Mai: Ordentliches Mitglied der Akademie der Künste

1970 Juni: Der bisher auf zwei Bände konzipierte Roman *Jahrestage* wird auf drei Bände geteilt – September: *Jahrestage 1* – Arbeit mit Margret Boveri an deren Autobiographie (zunächst bis Mitte 1972)

1971 Lektorat von Max Frischs *Tagebuch 1966-1971* – September / Oktober: Aufenthalt in New York bei Hannah Arendt – Oktober: *Jahrestage 2* – 23. Oktober: Georg-Büchner-Preis der Deutschen Akademie für Sprache und Dichtung

1972 April: Johnson darf erstmals seit 1965 wieder in die DDR einreisen – 29. April: Vizepräsident der Akademie der Künste – August: Der anlässlich der Olympiade gedruckte Band *Deutsches Mosaik* wird auf Intervention von DDR und Sowjetunion wegen Johnsons Text *Boykott der Berliner Stadtbahn* eingestampft

1973 Oktober: *Jahrestage 3*; Samuel-Beckett-Colloquium in der Akademie der Künste – Oktober / November: Reise nach Klagenfurt auf den Spuren der plötzlich verstorbenen Ingeborg Bachmann

1974 Mai: Max Frisch gewährt ein Darlehen von 120.000 DM für den Kauf eines Hauses in England – 19. Juli: Johnson schickt 21 Kapitel für *Jahrestage 4* an den Suhrkamp Verlag, 41 Kapitel fehlen – Oktober: Umzug nach England, 26 Marine Parade, Sheerness-on-Sea, Kent – September: *Eine Reise nach Klagenfurt*

1975 Frühjahr: *Berliner Sachen. Aufsätze* – 18. Juni: Herzinfarkt – 6. Juli: Tod von Margret Boveri; als autobiographischer Nachlassverwalter arbeiten Uwe und Elisabeth Johnson an Boveris Autobiographie – 18. Oktober: Wilhelm-Raabe-Preis der Stadt Braunschweig – Oktober: Max Frisch: *Stich-Worte. Ausgesucht von Uwe Johnson* – Arbeit an *Heute Neunzig Jahr* und *Marthas Ferien*

1976 September: Philipp Otto Runge: *Von dem Fischer un syner Fru* (Nacherzählung und Nachwort)

1977 Mai: Wahl in die Deutsche Akademie für Sprache und Dichtung – Herbst: Margret Boveri: *Verzweigungen. Eine Autobiographie*. Herausgegeben und mit einem Nachwort versehen von Uwe Johnson

1978 Sommer: Trennung von Elisabeth und Katharina Johnson – *Jahrestage* wird (noch unvollendet) in die *Zeit-Bibliothek der 100 Bücher* aufgenommen

1979 25. März: Thomas-Mann-Preis der Hansestadt Lübeck – Mai / Juni: Gastdozentur für Poetik an der Frankfurter Johann Wolfgang Goethe-Universität – Mai: Formloser Austritt aus der Deutschen Akademie für Sprache und Dichtung

1980 Juli: *Begleitumstände. Frankfurter Vorlesungen*

1981 April: *Skizze eines Verunglückten* (als Festschrift-Beitrag für Max Frisch zum 70. Geburtstag)

1982 Konzentrierte Wiederaufnahme der Arbeit an *Jahrestage*

1983 17. April: Johnson sendet die letzten Manuskriptseiten von *Jahrestage 4* an den Suhrkamp Verlag – August: Recherchereise durch Mecklenburg für *Heute Neunzig Jahr* – September: Aufenthalt in New York, u. a. für ein Filmprojekt des Hessischen Rundfunks – Oktober: *Jahrestage 4*; *Kleines Adreßbuch für Jerichow und New York* – Oktober/November: auf der Lesereise für *Jahrestage 4* wird Johnson krank; zehntägiger Krankenhausaufenthalt – 7. November: Kölner Literaturpreis

1984 23. Februar: Johnson wird in Sheerness zum letzten Mal gesehen – 12. März: Johnson wird tot in seinem Haus aufgefunden, er ist vermutlich schon über zwei Wochen vorher gestorben; sein Tod wird von den englischen Behörden auf den 12. März 1984 datiert

1985 Mit dem Erstling *Ingrid Babendererde. Reifeprüfung 1953* beginnt eine rege Editionsarbeit aus dem Nachlass, die bis heute anhält; Johnsons posthum veröffentlichtes Werk ist inzwischen umfangreicher als sein zu Lebzeiten publiziertes

Bibliographie

Zitierte Texte, deren Quelle nicht ausdrücklich genannt ist, befinden sich im Deutschen Literaturarchiv Marbach, zu dessen Bestand seit Juni 2010 das Uwe Johnson-Archiv (vorher Frankfurt / M.) gehört.

Schriften, Briefe und Gespräche Uwe Johnsons mit Siglen

5K *Der 5. Kanal.* Frankfurt / M. 1987.

AJB *Hannah Arendt – Uwe Johnson. Der Briefwechsel 1967-1975.* Hrsg. von Eberhard Fahlke und Thomas Wild. Frankfurt / M. 2004.

BCL *Briefe an Charlotte Luthe* [1952 / 1953]. Mit einem Vorwort von Günter Holtz. In: Neue Deutsche Literatur 41 (1993). Heft 8. S. 78-95.

BS *Berliner Sachen. Aufsätze.* Frankfurt / M. 1975.

BU *Begleitumstände. Frankfurter Vorlesungen.* Frankfurt / M. 1980.

BV Margret Boveri: *Verzweigungen. Eine Autobiographie.* Herausgeben und mit einem Nachwort versehen von Uwe Johnson [1977]. München 1982.

DBA *Das dritte Buch über Achim.* Roman [1961]. Frankfurt / M. 1973.

DE *Darstellung meiner Entwicklung* [1952]. Faksimile und Transkription. In: Johnson-Jahrbuch Bd. 4 / 1997. Göttingen 1997. S. 11-14.

EJB *»fuer Zwecke der brutalen Verstaendigung«. Hans Magnus Enzensberger – Uwe Johnson. Der Briefwechsel.* Hrsg. von Henning Marmulla und Claus Kröger. Frankfurt / M. 2009.

EJT *Einführung in die »Jahrestage«* [13. Dezember 1978]. In: Johnsons »Jahrestage«. Hrsg. von Michael Bengel. Frankfurt / M. 1985. S. 15-27.

EL *Erste Lese-Erlebnisse* [1975]. In: Uwe Johnson: Eine Reise wegwohin und andere kurze Prosa. Ausgewählt und mit einem Nachwort versehen von Jürgen Grambow. Berlin (Ost) / Weimar 1989. S. 133-137.

FJB *Der Briefwechsel Max Frisch / Uwe Johnson 1964-1983.* Hrsg. von Eberhard Fahlke. Frankfurt / M. 1999.

GBP *Büchner-Preis-Rede* [1971]. In: Büchner-Preis-Reden 1951-1971. Mit einem Vorwort von Ernst Johann. Stuttgart 1972. S. 217-240.

HNJ *Heute Neunzig Jahr.* Aus dem Nachlaß hrsg. von Norbert Mecklenburg. Frankfurt / M. 1996.

IB *Ingrid Babendererde. Reifeprüfung 1953* [1957 / 85]. Mit einem Nachwort von Siegfried Unseld. Frankfurt / M. 1987.

IG *Inselgeschichten* [1974-83]. Hrsg. von Eberhard Fahlke. Frankfurt / M. 1995 (Schriften des Uwe Johnson-Archivs Bd. 5).

IüG *»Ich überlege mir die Geschichte ...«. Uwe Johnson im Gespräch.* Hrsg. von Eberhard Fahlke. Frankfurt / M. 1988.

IüM *Ich über mich.* In: Die Zeit. 04.11.1977. Zit. n.: Uwe Johnson. Hrsg. von Rainer Gerlach und Matthias Richter. Frankfurt / M. 1984. S. 16-21.

Jake *Fünfundzwanzig Jahre mit Jake, auch unter dem Namen Bierwisch bekannt* [1980]. Aus dem Englischen übersetzt und mit Anmerkungen versehen von Eberhard Fahlke. In: »Wo ich her bin ...«. Uwe Johnson in der D.D.R. Hrsg. von Roland Berbig und Erdmut Wizisla. Berlin 1993. S. 51-67.

JGB *Uwe Johnson – Anna Grass – Günter Grass: Der Briefwechsel.* Hrsg. von Arno Barnert. Frankfurt / M. 2007.

JIB *»Good Morning, Mrs. Bachmann«. Uwe Johnson schreibt Ingeborg Bachmann aus ihrer Wohnung in Rom. Das unveröffentlichte Dokument einer Freundschaft.* In: du. Die Zeitschrift der Kultur. Heft 9 / 1994: Ingeborg Bachmann. Das Lächeln der Sphinx. S. 56-62.

JRB *»Liebes Fritzchen« – »Lieber Groß-Uwe«. Uwe Johnson – Fritz J. Raddatz: Der Briefwechsel.* Hrsg. von Erdmut Wizisla. Frankfurt / M. 2006.

JT *Jahrestage. Aus dem Leben von Gesine Cresspahl* [1970-83]. Frankfurt / M. 1988.

JUB *Uwe Johnson – Siegfried Unseld. Der Briefwechsel.* Hrsg. von Eberhard Fahlke und Raimund Fellinger. Frankfurt / M. 1999.

JZB *»Leaving Leipsic next week«. Briefe an Jochen Ziem* [1955-1968]. Texte von Jochen Ziem. Hrsg. und eingeleitet von Erdmut Wizisla. Berlin 2002.

KP *Karsch, und andere Prosa.* Nachwort von Walter Maria Guggenheimer [1964]. Vorschläge für Johnson-Leser der neunziger Jahre von Norbert Mecklenburg. Frankfurt / M. 1990.

MJ *Mutmassungen über Jakob.* Roman [1959]. Frankfurt / M. 1974.

RK *Eine Reise nach Klagenfurt.* Frankfurt / M. 1974.

SGB *»Sofort einsetzendes Geselliges Beisammensein«. Rechenschaft über zwei Reisen.* Hrsg. von Klaus Baumgärtner. Berlin 2004.

SZ *Skizze eines Verunglückten* [1981]. Frankfurt / M. 1991.

VPR *Vorschläge zur Prüfung eines Romans* [1973]. In: Romantheorie. Dokumentation ihrer Geschichte in Deutschland seit 1880. Hrsg. von Eberhard Lämmert u. a. Königstein / Ts. 2. Aufl. 1984. S. 398-403.

ZA *Zwei Ansichten* [1965]. Frankfurt / M. 1976.

Weitere Schriften und Gespräche Uwe Johnsons

Ein Brief an den Verleger. Südlich von Rønne, 20. August 1973. In: suhrkamp information 1973 / 2, S. 64-68. Zit. n. Johnsons »Jahrestage«. Hrsg. von Michael Bengel. Frankfurt / M. 1985. S. 89-93.

Max Frisch: *Stich-Worte. Ausgesucht von Uwe Johnson.* Frankfurt / M. 1975.

Kleines Adreßbuch für Jerichow und New York. Ein Register zu Uwe Johnsons Roman »Jahrestage«. Angelegt mit Namen, Orten, Zitaten und Verweisen von Rolf Michaelis. Frankfurt / M. 1983.

Versuch, einen Vater zu finden. Marthas Ferien. Hrsg. von Norbert Mecklenburg. Text und Tonkassette. Frankfurt / M. 1988.

Porträts und Erinnerungen. Hrsg. von Eberhard Fahlke. Frankfurt / M. 1988.

»Entwöhnung von einem Arbeitsplatz«. Klausuren und frühe Prosatexte. Mit einem philologisch-biographischen Essay von Bernd Neumann. Frankfurt / M. 1992 (Schriften des Uwe Johnson-Archivs 3).

»Wo ist der Erzähler auffindbar?«. Gutachten für Verlage 1956-1958. Mit einem Nachwort hrsg. von Bernd Neumann. Frankfurt / M. 1992 (Schriften des Uwe Johnson-Archivs 4).

»Ich wollte keine Frage ausgelassen haben.« Gespräche mit Fluchthelfern. Hrsg. von Burkhart Veigel. Mit einem Anhang: Uwe Johnson: Eine Kneipe geht verloren. Berlin 2010.

Bengel, Michael: *Gespräch mit Uwe Johnson (am 19. Mai 1983).* In: Johnsons »Jahrestage«. Hrsg. von Michael Bengel. Frankfurt / M. 1985. S. 120-128.

Durzak, Manfred: *Dieser langsame Weg zu einer größeren Genauigkeit. Gespräch mit Uwe Johnson* [1974]. In: Ders.: Gespräche über den Roman mit Joseph Breitbach, Elias Canetti, Heinrich Böll, Siegfried Lenz, Hermann Lenz, Wolfgang Hildesheimer, Peter Handke, Hans Erich Nossack, Uwe Johnson, Walter Höllerer. Formbestimmungen und Analysen. Frankfurt / M. 1976. S. 428-460.

Grambow, Jürgen: *Uwe Johnson: Eine Reise wegwohin und andere kurze Prosa.* Ausgewählt und mit einem Nachwort von Jürgen Grambow. Berlin (Ost)/Weimar 1989.

Weitere Siglen

Dass es einige Bücher über Uwe Johnson gibt, für die die Vergabe einer Sigle lohnt, ist Kommentar genug: Die folgenden Bände nähern sich Johnsons Leben und Werk aus unterschiedlichen Blickwinkeln. Als wahre Fundgruben eignen sie sich gut zur Einführung oder zum vertiefenden Stöbern.

Befreundungen *Uwe Johnson. Befreundungen. Gespräche, Dokumente, Essays.* Hrsg. von Roland Berbig, gemeinsam mit Thomas Herold, Gesine Treptow und Thomas Wild. Berlin 2002.

Frühwerk *Uwe Johnsons Frühwerk im Spiegel der deutschsprachigen Literaturkritik. Dokumente zur publizistischen Rezeption der Romane »Mutmaßungen über Jakob«, »Das dritte Buch über Achim« und »Ingrid Babendererde«.* Hrsg. von Nicolai Riedel. Bonn 1987.

Johnson-Jahre *Johnson-Jahre. Zeugnisse aus sechs Jahrzehnten.* Hrsg. von Uwe Neumann. Frankfurt / M. 2007.

Katze *»Die Katze Erinnerung«. Uwe Johnson – Eine Chronik in Briefen und Bildern.* Zusammengestellt von Eberhard Fahlke. Frankfurt / M. 1994.

Kommentar *Johnsons »Jahrestage«. Der Kommentar.* Hrsg. von Holger Helbig, Klaus Kokol, Irmgard Müller, Dietrich Spaeth und Ulrich Fries. Unter Mitarbeit von Thomas Schmidt, Birgit Funke, Thomas Geiser, Ingeborg Gerlach und Rudolf Gerstenberg. Göttingen 1999. Online-Version unter: www.phf.uni-rostock.de/institut/igerman/johnson/johnkomm/default.html [Zugriff vom 30.7.2010]

Bibliographien

Riedel, Nicolai: *Uwe Johnson Bibliographie. 1959-1998.* Stuttgart 1999. Erfasst mit rund 4.000 Einträgen die Werk- und Wirkungsgeschichte Johnsons bis 1998. Unverzichtbar, gut strukturiert und über mehrere Register zu erschließen.

Riedel, Nicolai: *Internationale Uwe-Johnson-Bibliographie Supplement I: 1999-2005. Nachträge und Ergänzungen.* In: Internationales Uwe-Johnson-Forum Bd. 10 / 2006. Frankfurt / M. u. a. 2006. S. 175-219. Ergänzt die Bibliographie 1959-1998 bis zum Jahr 2005.

Bibliographie-Online. Web-Adresse: www.uwe-johnson-gesellschaft.de/ae/uwe-johnson/bibliographie-online [Zugriff vom 30.7.2010]. Im Aufbau befindlich, gedacht zur Dokumentation der aktuellen Forschung als Fortführung von Riedels Bibliographie.

Ausgewählte Monographien, Schriften und Schriftenreihen

Golisch, Stefanie: *Uwe Johnson zur Einführung.* Hamburg 1994. Komprimierte Einführung ins Werk, nicht chronologisch nach Texten, sondern thematisch nach Problemkreisen organisiert.

Grambow, Jürgen: *Heimat im Vergangenen.* In: Sinn und Form. Beiträge zur Literatur. 38. Jg. (1986). Heft 1. S. 134-157. Als erste vorsichtige kritische Würdigung von Johnsons Texten in der DDR ein wichtiges Rezeptionszeugnis.

Grambow, Jürgen: *Uwe Johnson.* Reinbek bei Hamburg 1997. Bebilderte Einführung in Leben und Werk aus der Reihe »rowohlts monographien«.

Hanuschek, Sven: *Uwe Johnson.* Berlin 1994. Knappe, aber scharfsinnige und gut lesbare Einführung in Leben und Werk.

Hofmann, Michael: *Uwe Johnson.* Stuttgart 2001. Informative Einführung in Johnsons Werk mit biographischer Skizze und detaillierten Analysen der Romane.

Internationales Uwe-Johnson-Forum. Beiträge zum Werkverständnis und Materialien zur Rezeptionsgeschichte. Frankfurt / M. 1989 ff. Bietet neben wissenschaftlichen Beiträgen auch die Dokumentation des Uwe-Johnson-Preises mit den Fest- und Dankesreden. Eine Bandübersicht ist online verfügbar auf der Homepage des Mitherausgebers Carsten Gansel, Web-Adresse: www.carsten-gansel.de/uwe-johnson-forum/

Johnson-Jahrbuch. Göttingen 1994 ff. Das Jahrbuch hat sich zu einem der wichtigsten Foren der Johnson-Forschung entwickelt. Auf der Homepage der Uwe Johnson-Gesellschaft ist das Gesamtinhaltsverzeichnis online verfügbar: www.uwe-johnson-gesellschaft.de

Johnson-Studien. Göttingen 1996 ff. In dieser Reihe erscheinen wichtige wissenschaftliche Monographien zum Werk Uwe Johnsons.

Mecklenburg, Norbert: *Die Erzählkunst Uwe Johnsons. »Jahrestage« und andere Prosa.* Frankfurt / M. 1997. Bietet auf wissenschaftlichem Niveau, aber in sehr gut lesbarer Weise einen tiefen Einblick in Johnsons Ästhetik und Erzählstrategien.

Neumann, Bernd: *Uwe Johnson.* Mit zwölf Porträts von Diether Ritzert. Hamburg 1994. Diese erste, umfangreiche Biographie gehört zur Johnson-Grundlagenforschung, ist aber wegen Unschärfen im Detail sowie der Verschränkung von Leben und Werk umstritten.

Straße, Friedrich E.: *Uwe Johnson. Eine Biographie.* [In Vorbereitung]. Neue biographische Gesamtdarstellung, die derzeit von einem ganzen Team von Johnson-Forschern unter dem gemeinsamen Namen »Friedrich E. Straße« auf Basis neuer Archivstudien erarbeitet wird.

Text + Kritik. Heft 65/66: Uwe Johnson. München 1980; zweite Auflage: Neufassung. München 2001. Beide Hefte bieten einen ausgewogenen Forschungsüberblick zu Leben und Werk; mit 21 Jahren Abstand dokumentieren sie gleichzeitig die Verschiebung von Interessenschwerpunkten in der wissenschaftlichen Rezeption.

Über Uwe Johnson. Hrsg. von Reinhard Baumgart. Frankfurt / M. 1970. Der erste Sammelband über Uwe Johnson, in seiner klugen Zusammenstellung immer noch lesenswert und gleichzeitig ein interessantes Zeugnis der zeitgenössischen Rezeption.

»Wo ich her bin ...«. Uwe Johnson in der D.D.R. Hrsg. von Roland Berbig und Erdmut Wizisla. Berlin 1993. Wichtiger Sammelband über Johnsons Verhältnis zur DDR, enthält u. a. Auszüge aus Briefwechseln und Texte von Zeitzeugen.

Weitere zitierte Literatur

Baumgart, Reinhard: *Nicht Romeo, nicht Julia. Über Uwe Johnson: »Zwei Ansichten«.* In: Der Spiegel. 22.09. 1965. S.128.

Baumgart, Reinhard / Mecklenburg, Norbert / Michaelis, Rolf: *Annäherung an Uwe Johnson. Ein Gespräch zum 10. Todestag des Schriftstellers.* Mit einer Einführung von Norbert Mecklenburg. Ausgestrahlt am 22.02.1994 im NDR 3 »Kulturforum« [nicht gedruckt].

Baumgart, Reinhard: *Damals. Ein Leben in Deutschland 1929-2003.* München 2003.

Bierwisch, Manfred: *Uwe Johnson und Leipzig. Ausschnitte einer Beziehung.* In: »Wo ich her bin ...«. Uwe Johnson in der D.D.R. Hrsg. von Roland Berbig und Erdmut Wizisla. Berlin 1993. S. 92-98.

Bierwisch, Manfred: *Fünfundzwanzig Jahre mit Ossian. Dr. Jürgen Grambow und Teilnehmer eines Jenaer Seminars sprachen mit Prof. Manfred Bierwisch über Uwe Johnson und seine Freunde.* In: Johnson-Jahrbuch Bd.1 / 1994. Göttingen 1994. S.17-44.

Bond, Greg: *»Die Toten halten zuverlässig das Maul«: Uwe Johnson im wiedervereinigten Deutschland.* In: Internationales Uwe-Johnson-Forum Bd.3 / 1993. Frankfurt / M. 1994. S.181-187.

Bond, Greg: *Zwei Ansichten: »The Structure of a Deceased Organism« und wie es zu den» Jahrestagen« gekommen ist.* In: Johnson-Jahrbuch Bd.15 / 2008. Göttingen 2009. S.9-21.

Böttiger, Helmut: *Uns Uwe. Zum Desaster der Fernseh-»Jahrestage«.*

148 Bibliographie

In: Text + Kritik. Heft 65 / 66: Uwe Johnson. Zweite Auflage: Neufassung. München 2001. S. 170-172.

Buck, Theo: *Anstände mit der Wahrheit oder Von einem Autor, der es sich und seinen Lesern nicht leicht macht.* In: Text + Kritik. Heft 65 / 66: Uwe Johnson. München 1980. S. 10-28.

Buck, Theo: *Uwe Johnson.* In: Deutsche Dichter. Leben und Werk deutschsprachiger Autoren vom Mittelalter bis zur Gegenwart. Hrsg. von Gunter E. Grimm und Frank Rainer Max. Stuttgart 1993. S. 859-864.

Frisch, Max: *Mein Name sei Gantenbein.* Roman [1964]. Frankfurt / M. 1975.

Fries, Fritz Rudolf: *Das Luft-Schiff. Biografische Nachlässe zu den Fantasien meines Großvaters.* Rostock 1974.

Fries, Fritz Rudolf: *Diogenes auf der Parkbank. Erinnerungen.* Berlin 2002.

Gillett, Robert: *Das soll Berlin sein. Einladung zu einem wenig beachteten Buch.* In: Johnson-Jahrbuch Bd. 7 / 2000. Göttingen 2000. S. 11-33.

Gillett, Robert / Köhler, Astrid: *Ansichten über Ansichten. Rezeptionsanalytische Überlegungen zu Johnsons Königskindern.* In: So noch nicht gezeigt. Uwe Johnson zum Gedenken, London 2004. Hrsg. von Ulrich Fries, Robert Gillett, Holger Helbig, Astrid Köhler und Irmgard Müller. Göttingen 2006. S. 281-307 (Johnson-Studien Bd. 7).

Helbig, Holger: *Beschreibung einer Beschreibung. Untersuchungen zu Uwe Johnsons Roman »Das dritte Buch über Achim«.* Göttingen 1996 (Johnson-Studien Bd. 1).

Helbig, Holger: *Ein besonderes Verhältnis zum Gelde. Ökonomie und Poetik bei Uwe Johnson.* In: So noch nicht gezeigt. Uwe Johnson zum Gedenken, London 2004. Hrsg. von Ulrich Fries, Robert Gillett, Holger Helbig, Astrid Köhler und Irmgard Müller. Göttingen 2006. S. 333-355 (Johnson-Studien Bd. 7).

Jenny, Urs: *Gesine Cresspahls Prager Frühling. Das zweite Drittel von Uwe Johnsons Roman »Jahrestage«.* In: Süddeutsche Zeitung. 23./24. 10. 1971. S. 125.

Johnson, Elisabeth: *»Man könnte von Erbschleicherei reden«. Im Rechtsstreit um das Testament des großen Dichters beschuldigt sie den Suhrkamp-Verleger Siegfried Unseld unredlicher Machenschaften.* Gespräch mit Anna Mikula und Hannes Hintermeier. In: Die Woche. 24. 01. 1997. S. 30-31.

Kielinger, Thomas: *Überall ist Jerichow. Uwe Johnson: »Jahrestage 2«.* In: Die Welt. 04. 11. 1971, Beilage S. I.

Klaus, Annekathrin: *»Sie haben ein Gedächtnis wie ein Mann, Mrs. Cresspahl!« Weibliche Hauptfiguren im Werk Uwe Johnsons.* Göttingen 1999 (Johnson-Studien Bd. 3).

Magenau, Jörg: *Martin Walser. Eine Biographie.* Reinbek bei Hamburg 2005.

Matthes, Günter: *Uwe Johnson auf dem falschen Gleis. Anmerkungen zu einem Artikel des Dichters über die Berliner S-Bahn.* In: Der Tagesspiegel. 16.01.1964. S. 3.

Mayer, Hans: *Unerwartete Begebenheit.* In: du. Die Zeitschrift der Kultur. Heft 10 / 1992: Uwe Johnson. Jahrestage in Mecklenburg. S. 42-46.

Müller, Irmgard: *»Anniversaries« – Das kürzere Jahr. Zur amerikanischen Übersetzung der »Jahrestage«.* In: Johnson-Jahrbuch Bd. 2 / 1995. Göttingen 1995. S. 78-108.

Nordkurier (nk): *Uwe-Johnson-Preis 2010 ausgeschrieben.* Web-Adresse: www.nordkurier.de/uwe-johnson-preis/ [Zugriff vom 26.06.2010].

Ostsee-Zeitung (Fa.): *»Gruß den neuen Studenten«.* In: Ostsee-Zeitung. 11.09.1952. S. 6.

Raddatz, Fritz J.: *Ein Märchen aus Geschichte und Geschichten. Uwe Johnson: »Jahrestage 4«. Zum Abschluß eines großen Romanwerks.* In: Die Zeit. 14.10.1983. Zit. n.: Johnsons »Jahrestage«. Hrsg. von Michael Bengel. Frankfurt / M. 1985. S. 177-186.

Reich-Ranicki, Marcel: *Uwe Johnson: »Zwei Ansichten«:* In: Die Zeit. 24.09.1965. S. 26-27. Zit. n.: Ders.: Literatur der kleinen Schritte. Deutsche Schriftsteller heute. München 1967. S. 156-165.

Stadt Güstrow: *Uwe Johnson. Die Güstrower Jahre (1948-1952).* Güstrow 1997.

TIME magazine: *Drang nach Osten. »The Road to Oobliadooh« by Fritz Rudolf Fries.* In: TIME magazine. 10.01.1969. S. 61-62.

Turk, Horst: *Europäische Konstellationen. Zur Aktualität Uwe Johnsons.* In: So noch nicht gezeigt. Uwe Johnson zum Gedenken, London 2004. Hrsg. von Ulrich Fries, Robert Gillett, Holger Helbig, Astrid Köhler und Irmgard Müller. Göttingen 2006. S. 356-372 (Johnson-Studien Bd. 7).

Ulbricht, Walter: *Die gegenwärtige Lage und die neuen Aufgaben der Sozialistischen Einheitspartei Deutschlands.* Referat und Schlußwort auf der II. Parteikonferenz der SED, Berlin 9. bis 12. Juli 1952. Berlin 1952.

Walser, Martin: *Brandung.* Roman. Frankfurt / M. 1985.

Wolf, Christa: *Stadt der Engel oder The Overcoat of Dr. Freud.* Berlin 2010.

150 Bibliographie

Uwe Johnson hören und sehen
Uwe Johnson liest aus dem Manuskript »Jahrestage« (27.09.1968).
10:41 Min. In: Die Stimmen der Dichter. 50 Jahre Suhrkamp. CD. Karlsruhe 2000.

Jahrestage: Aus dem Leben von Gesine Cresspahl. Autorisierte Lesefassung. Gelesen von Max Volkert Martens. 4 MP3-CDs, 2.400 Min. München 2005.

Jahrestage. Ein Film von Margarethe von Trotta nach dem gleichnamigen Buch von Uwe Johnson [2000]. 2 DVDs, 360 Min. Berlin 2010.

Das dritte Buch über Achim. Hörspielbearbeitung: Dietmar Mues und Norbert Schaeffer. Regie: Norbert Schaeffer. Mit Dietmar Mues, Anne Weber, Ulrich Noethen und vielen anderen. 2 CDs, 142 Min. München 2009.

Weitere Internetadressen
www.uwe-johnson-gesellschaft.de
Die Homepage der Uwe Johnson-Gesellschaft bietet neben Informationen rund um die Gesellschaft und ihre Aktivitäten auch biographische und bibliographische Informationen, eine Filmographie, eine Übersicht über Hörspiele und Hörbücher, eine Linksammlung sowie das Gesamtinhaltsverzeichnis des Johnson-Jahrbuchs.
www.literaturhaus-uwe-johnson.de
Homepage des Literaturhauses »Uwe Johnson« im mecklenburgischen Klütz mit Informationen zum Ausstellungs- und Veranstaltungsangebot.
www.nordkurier.de/uwe-johnson-preis/
Übersicht über die Preisträger des seit 1994 vergebenen Uwe-Johnson-Preises sowie über die seit 1995 regelmäßig von der Mecklenburgischen Literaturgesellschaft in Neubrandenburg veranstalteten Uwe-Johnson-Tage.
www.dla-marbach.de
Homepage des Deutschen Literaturarchivs Marbach, zu dessen Bestand seit Juni 2010 das Uwe Johnson-Archiv gehört.

Personenregister

Werkregister

Bildnachweis

Akademie der Künste, Berlin (Foto: Maria Rama): 38; ddp images, Hamburg: 128; Deutsches Literaturarchiv, Marbach: 57, 59; Mara Eggert, Frankfurt: 66; Brigitte Friedrich, Köln: 58; Marianne Frisch, Berlin: 56; The Hannah Arendt Bluecher Literary Trust, New York: 43; Hugo Jehle, Stuttgart: 32; Heinz Lehmbäcker, Berlin: 18, 28, 131; Literaturhaus ›Uwe Johnson«, Klütz: 130; Pit Ludwig, Darmstadt: 51; Renate von Mangoldt, Berlin: 4; Digne Meller Marcovicz, Berlin: 8; Stefan Moses, München: 116; Klaus Podak, München: 69; Stiftung Deutsche Kinemathek, Berlin: 97; Horst Tappe, Montreux: 122; Joachim Unseld, Frankfurt: 60, 71; weitere Nachweise über das Bildarchiv des Suhrkamp Verlags.

Umschlagfoto: Digne Meller Marcovicz / ullstein bild

Dank

Dieses Buch hätte ohne die Forschungsdiskussionen und -ergebnisse des Teams »Friedrich E. Straße«, das an einer neuen Uwe Johnson-Biographie arbeitet, so nicht geschrieben werden können. Dafür gilt mein Dank: Greg Bond, Ulrich Fries, Sven Hanuschek, Holger Helbig, Michael Jesse, Irmgard Müller, Rainer Paasch-Beeck, Martin Rehbock, Christian Schmitt.

Für professionelle und /oder freundschaftliche Unterstützung danke ich: Delia Angiolini, Eberhard Fahlke, Robert Gillett, Heinz Lehmbäcker, Kerstin Müller-Neuhof, Matthias Reiner und Johanna Wange.